JN071227

日本を女性上位の共同体に

静かな幸せを求めて

宮原一武 著

はじめに

私たちは「人間」という言葉をよく使いますが、その人間は男か女かのどちらかです。では、男女の違いはなにを生んだでしょうか。たとえばフランス革命にしても、私たちは近代化革命として高く評価してきました。しかし、それはフランス人男性の解放であって、女性は社会に参加する権利すら獲得できなかったのです。

フランス女性が選挙権を獲得したのは第二次世界大戦後であって、日本の女性とほぼ同時期でした。しかも、日本の女性はそのとき、男たちとは逆に幸運を獲得しました。日本は第二次世界大戦で大敗しました。しかし、大敗したのは日本人男性であって、日本の女性は大勝したのです。もし日本が勝利していたなら、日本の女性は解放されず、男性たちの召使のままだったでしょう。敗戦したことによって、アメリカ軍が日本の女性を解放してくれたのです。まだまだ不充分ですが、今日のような自由が女性にも与えられたのです。

まだまだ不充分と書いたように、日常の暮らしにおいても、男性に歓迎される慣習や常識、ルールであっても、女性には不利に働くような現実は、さまざまに存在します。しかも、重要なことは、そのような社会の動向、ムーブメントに社会が無関心でありがちだということです。

たとえば、「男女は平等なのだから、女性も男性と同じように働け」という主張があります。しかし、男女は同じではありません。男性には生理（メンス）はありませんが、働き盛りの女性には生理があり、一か月のうち一〇日間くらいは、気分が悪い、頭が痛い、いらいらする、などといったブルー・デーが続くのです。

こういう事実をもとに、「男女は、同じではない」ことを確認・前提にして、議論を進めたいと思います。男性には幸せに思われることが、女性にとっては必ずしも幸せではないことがあるということです。

平和で静かな幸せを求めて

現存する日本の歴史書でもっとも古いのは『古事記』で、続いて『日本書紀』ですが、日本の国の誕生についてこの二つの資料はともに、「日本という国をつくったのは、天照大神（アマテラスオオミカミ）」だと記しています。「オオミカミ」という語感からは男のように聞こえますが、女神です。

世界各国の歴史書を読んでみても、「この国を建国したのは女性である」という記述を見出すのはむずかしいでしょう。一部の母系社会をのぞいて、建国者はたいてい男性の神で、王か軍人です。そういう点では、日本はほかの国ぐにとは異なっていて、古代から女性が活躍してきました。そのうえ、日本の古い建国劇に登場する男性たちはみな乱暴者ですが、天照大神は静かに周辺を伺い、立派な日本国を建国されるのです。女神は平和主義者の優れた人であるということです。

経済成長が続いてランラン気分だった五〇年も昔の日本を再現することなどは不可能であるし、周りを見渡しても、そのようであった社会は崩壊寸前です。そういう社会をみてきた私は、荒々しく経済成長する社会よりも、平和で静かな幸せを実現することはできないものかと模索する思いがありました。そのような社会を実現する構想をまとめたいと思い、本書を書きはじめました。

二〇二二年の夏、大多数の日本人は、なんとなく不安で陰気な思いをもって猛烈な暑さの夏を過ごしました。二回目の東京オリンピックが前年に行なわれて、それなりに盛り上がる興奮を経験したのに、です。最大の理由は、新型コロナ・ウイルス、COVID-19が依然として猛威をふるっていたからですが、それに拍車をかけるようなロシアによるウクライナ侵略のニュースも拡がっていました。

ウクライナ戦争は遠い国の話で、日本人の暮らしには直接的な影響はないと思われていたのに、じつはたいへん大きな影響があることを知らされることになりました。理不尽な不安とか、ロシアへの怒りなどが湧いてくるものの、「私には、どうすることもできない」という思いだけが残る国際的な現実でした。ガソリン代、電気代などのエネルギー、それに小麦粉などの食品の値上がりは、ロシアによるウクライナ戦争がもたらした国際市場への影響でした。

「宇宙の怒り」を予感する

不安なことはほかにもあります。「ローマ・クラブ」によって一九七二年に出版された『成長の限界』の提言は、環境問題を人類に知らしめる決定的に重要な事件となりました。「人口増加や環境汚染などの現在の傾向が続けば、一〇〇年以内に地球上の成長は限界に達する」と、この本は警鐘を鳴らしたのです。それから五〇年が過ぎて、その予言が次々と現実化しつつあります。資源の枯渇、地球温暖化によるさまざまな気象災害、それがもたらす大規模な旱魃、その逆の猛烈な水害、すさまじい環境破壊です。SDGs（持続可能な開発目標）などと叫びつつも経済活動に精進しているようでは、はたしてこの危機的な状況を回避できるか不安です。

私たちは多くの困難や不安に直面していますが、ただ震えていないで冷静に考えてみることも大切です。新型コロナ・ウイルスにしても、そのうちにインフルエンザ・ウイルスのレベルの危険度に落ち着いて、年に一度ワクチンをうてば、コロナとともに生きてゆけるようになるかもしれません。ウクライナ戦争は、ロシアが敗退してそのうちに収まるでしょう。しかし、地球環境を大規模に破壊したことでもたらされる予想を超える災害などは、どうすることもできません。人間の力で大自然を修復することなど、できないからです。

さて、それならば、どうするのか。大きな災害と多くの犠牲者が続出しても、どうすることもできないのですから、この事態を受け入れざるをえないでしょう。そもそも、地球環境が人類に寛容であったのは「たまたま」であって、私たち人類はラッキーな数千年を生きることができただけのことだったのかもしれません。

もともとの大自然は、もっと厳しいものであったはずです。少々高い日本の山に登っても、そこで海の貝殻の化石を見つけることがあります。地球活動が大きく荒れて、地球内部の構造が激変・攪乱された証拠です。海底が隆起することで化石を含んだ岩石が高所の山に移動した結果が示すように、地球は大いに変動しているのです。自然現象として起こった激変です。

では、人類が勝手な行動をすることで発生した環境破壊は、どうなのでしょうか。よく考えてみますと、じつはこれも自然現象の一つとして理解することができます。人間も自然の一部ですし、人間が使用する石炭、石油、木材、食物、そういうもののすべてが地球の一部であり、自然の一部です。ですから、人間による地球環境破壊も自然現象の一つとみなして、見過ごすこともできるでしょう。

しかし、だからといって人間が自由に石炭や石油を大量に使ってもよいとはなりません。そうした行為の結果、二酸化炭素が大量に発生し、人間が生きてゆけないような気象変化を生み出しています。その地球環境は、ほかの宇宙に影響を与える可能性もあります。

地球は宇宙の一部であることから、宇宙の活動とあらゆる面で直結しています。宇宙の活動によって太陽系が誕生し、そこに地球が生み出されました。人類が誕生するのに適切な自然環境を生みだしてくれたのも宇宙です。そのような一連の宇宙活動に、人間が勝手に大量の炭酸ガスを放出するなどという行為は許されるのでしょうか。「宇宙の怒り」を予感します。

私たち人間の身体も、宇宙に浮いていたチリや埃からできているのだそうです。地球そのものから、人間存在そのものまで、すべてが宇宙に直結しているのです。私たちは宇宙についてもう少し学ぶ必要があると思います。

なぜ宇宙は存在するのか

幸いなことに、魅力的な本が二〇二二年四月に出版されました。アメリカのカリフォルニア大学バークレイ校の日本人物理学者、野村泰紀教授による『なぜ宇宙は存在するのか—はじめての現代宇宙論』（講談社ブルーバックス）です（以下、「現代宇宙論」）。野村教授が、「現代宇宙論を学んでみませんか」と問いかけるもので、専門的な研究書ではありません。私たちのような素人にもわかるように、かなり易しく書いてくださっています。私たちが生きている、あるいは生かしてもらっているこの「宇宙」の姿・構造についても、この本をとおして理解できるでしょう。多くの不安を抱えている私たちは、この宇宙を理解することで未来を生きるなんらかの知恵を獲得できないだろうかと、私自身も期待しています。そのうえで、日本固有の「女神の発想」を展開したいと思います。

もくじ

はじめに ……………… 1
平和で静かな幸せを求めて
「宇宙の怒り」を予感する
なぜ宇宙は存在するのか

1章 宇宙と生命のこと ……………… 14
宇宙空間を占めるダークマターとダークエネルギー
永遠の時間と無限の空間で構成される宇宙

2章 人間存在とはなんでしょうか ……………… 19
生命の根源はどこからきたのか
肉体と霊魂とが分離する「死」

3章　目にみえない存在の「力」……24
「私」を超えた存在に夢を託す行為と宗教
神・仏への信仰から生まれる文明

4章　目にみえる共同体の実際……32
助けあいの狩猟採集から家族共同体の農業に
リーダーの出現が闘争する社会を助長
幕藩体制という共同体が抱えていた日本の課題
村落共同体を解体させた産業革命
共同体を似たような経緯で成立させた西欧と日本
自治体も国家も民族・家族を基盤に成立するがゆえに

5章　仏教を軸に文明共同体を構築した日本……43
神道と儒教とを合体させた国家神道
神社神道は、現代日本文明の「裏方文化」
合理主義と自由主義が先進国を構築する

現代日本の基軸文化は自由民主主義

6章 女性上位の社会こそが穏やかな世界を実現する …… 52

ヨーロッパの家父長制と日本の家父長制
人類の宝である女性を解放せよ
生理中の女性は障碍者として扱うべし
「子孫を絶やさないで」という神さまの願い
「一個対数万個」が生む男女格差と悲哀

7章 宗教は性と性欲をどう扱うか …… 61

神道と儒教
神社神道のおおらかな性の世界
女性を軽視する思想を支えた儒教
国家神道に組み込まれて日本に定着した儒教

仏教
無形の悟りを追いかける仏教の柔軟な性の世界
経／仏教の主張／仏像／空海／在家と出家、戒名（法名）

イスラーム教
日本も無縁でなくなったイスラーム教
イスラーム法にのっとる暮らしと性差別
国境を超えて手をつなぐイスラーム共同体も女性を抑圧
独自路線を歩むトルコとイスラーム共同体「ウンマ」
キリスト教
「バビロン捕囚」を契機にゾロアスター教に学ぶ
『旧約聖書』と『新約聖書』で異なる教え
ローマン・カトリック、プロテスタント、東方正教会という派閥
ギリシャ文明を伝え拡散させた東ローマ帝国の功績
古代ローマから続くローマン・カトリック教会とラテン語
聖歌を伝える目的で生まれた五線譜
聖歌の位置づけと演出がみせる宗派の位相と課題
「処女生誕説」をこのまま信仰してよいものか

8章　楽しく社会に貢献する共同体……96
「過剰」を抑えた社会をめざす

合理性と経済成長を放棄して緩やかに
宗教法人は社会福祉法人化して目的を社会貢献に変更する
若者には地球を沸騰させない生き方を選択してほしい

9章　選択の人生と私……105
進学資金と母への送金に自衛隊に入隊
貿易の仕事をしたいと同志社大学商学部に
バイブルと英語三昧の日々
クリスチャンの洗礼を受ける決心と自信
宣教師の先生と暮らし学ぶ日々

10章　人生を懸ける職業……116
愛するとは自分の時間を与えること
大学院生としてふたたび同志社で学ぶ
貿易コミュニケーション論を専攻する新婚さん
短大で商業英語を担当しつつ博士課程を履修

11章　女性たちとアダルトビデオ……124
性風俗の動画規制を無意味にした国際化
変容する市場と規制
性教育とアダルトビデオの効用
事実を正しく認識できる環境がなにをもたらすか

12章　社会制度としての女性上位の共同体……133
ヘルプマーク活用のすすめ
共同体運営の仕組みの六割は女性が決める
地位向上に欠かせない保育環境の充実

13章　パレスチナ戦争の背景にある歴史と宗教……140
英雄になりきれなかったアラビアのロレンス
「終わりはくる」との真理を告げる黙示録
宗教的弾圧と対立の根幹

14章　私たちはどう生きて、どう終わるのでしょうか……146

男でもあり、女でもあるイエス
信仰共同体と神さまのダークマター
現世に訪れる死とどう折りあうか
「存在するものは必ず消滅する」宇宙の原理
静かな幸せを見つける方法
「静かな幸せ」の中身はなにか
互いの幸せを増幅する「愛の共同体」
夜空を仰いで好きな星を決めませんか
キリストの復活はなにを意味するか
死期を迎えて真理を理解できた喜び

おわりに …… 162

1章　宇宙と生命のこと

私が子どもであったころは、「宇宙」などという言葉は聞くことも話すこともほとんどありませんでした。それでも夜の大空ははるかに具体的な存在で、北斗七星、北極星、天の川、宵の明星、月の御船などと、たくさんのロマンチックな物語を思い出させました。ところが最近は、宇宙旅行とか月、火星への移住などという、とんでもない話までが現実味を帯びて飛び出してくるようになりました。やはり、「現代宇宙論」に学ぶ必要を痛感します。

最初に驚かされるのは、宇宙にも年齢があることです。人間の人生と同じように、誕生、幼少期、青年期などとよんでもよい年齢です。現在の私たちが所属している宇宙は、約一三八億歳だそうです。宇宙は約一三八億年前に誕生したということですが、宇宙誕生当初は超高温・高密度で、それが大きく膨張することでしだいに低温・低密度になったといいます。

宇宙の支配的なエネルギー成分も、放射成分優勢な時期から物質のエネルギー密度が卓越する物質成分優勢期になります。放射成分優勢の宇宙はビックバン状態で、「光」も生まれていない状態から大爆発を起こし、宇宙の膨張につれてだんだんと冷えて物質成分優勢の宇宙になり、「一〇〇億年前ころには、真空エネルギーが支配的な現在のような宇宙になった」のだそうです。

宇宙空間を占めるダークマターとダークエネルギー

「真空エネルギーが支配的な現在」というのは、私たちが夜空を見上げたときの姿、真空の中に多くの星が浮かんで見える状態です。自転する地球だけでなく、星空も動いていることを私たちは知っていますが、これらの星を毎日動かしているのは巨大な宇宙エネルギーです。エネルギーなしで動くものなど存在しませんから、宇宙エネルギーの超巨大さには驚くばかりです。

ところで、「真空」と表現される「空（くう）」はほんとうに「空」なのかというと、じつは空ではなく、その空間は「ダークマター（暗黒物質）」と「ダークエネルギー」によってびっしりと埋め尽くされているのだそうです。といっても、ダークマターやダークエネルギーがどのようなものなのかの詳細は、いまだわかっていないとのことです。

まだよくわかっていないとはいえ、星や銀河などの質量の合計が宇宙全体のわずか五パーセントであるのにたいして、ダークマターは二六パーセント、ダークエネルギーは六九パーセントだといいます。宇宙は星や星座や銀河が耀く美しい天体だと思っていましたが、その実態はなんと九五パーセントが

「ダーク」で、地球からは見えないのです。ということは、私たちが目にする宇宙はほんの五パーセントだけですから、宇宙はやはりなにか特別な秘密を秘めているようです。

それでも少しはわかってきて、現在の有力な「ダークマター説」は、「私たち人間の身体をもすり抜ける未知の素粒子ではないか」というものです。いっぽうのダークエネルギーは、宇宙を一様に満たして宇宙の膨張を加速させている謎のエネルギーではないか、と考えられています。

ともかく、地球上を含めて宇宙に存在するものは「物質」と「エネルギー」の二物です。太陽、月、地球などは物質ですが、それを動かしている力はエネルギーです。地球が太陽の周りを廻り、月が地球の周りを廻っているのも、宇宙のエネルギーによるものです。熱も当然エネルギーですから、太陽からの熱もエネルギーです。

この原理は私たちの身の周りにも同様にあてはまります。身辺にあるものはすべて物質ですが、それを動かしているものはエネルギーです。人力によるエネルギー、石炭エネルギー、電力エネルギーなどです。

人体についても同様です。身体は物質ですが、血液を循環させ手足を動かし体を暖かくしているのはエネルギーです。

「一〇〇億年前ころには、真空エネルギーが支配的な現在のような宇宙になった」と書きましたが、その段階でも、私たちが生きている太陽系の宇宙はまだ存在していませんでした。太陽が誕生するのは、第一世代の恒星が爆発によってその寿命を終えたのちに、そこから吹き飛ばされたガスをもとに、いまから五〇億年ほど前に誕生した第二世代、あるいは第三世代の星だそうです。この段階になって初めて、太陽のような恒星の内部の核反応によって炭素、窒素、酸素などの元素が誕生します。

このような元素は、宇宙誕生の初めから存在していたように思っていましたが、そうではなくて太陽が誕生したあとにようやく生まれ、地球上の生物を生み出す源泉になったのです。私たちの肉体は、そのような元素によってできあがっていますから、私たちの身体は大昔の星の残骸によってできているともいえるのです。大昔の星の残骸によって私たちの肉体はできているのですが、正確には地球上に存在する元素からできています。すなわち、ほかの植物と同じように「人間も地球から生えてきた」ということです。これが私たち人間の原点です。

永遠の時間と無限の空間で構成される宇宙

太陽系などが所属している「巨大宇宙は約一三八億年前に誕生した」と書きました。それでは、「それ以前に宇宙は存在していなかったのか」とか、「その巨大宇宙の外側にはなにがあるのか」などといった疑問が湧いてきます。その答えはこうです。「宇宙は過去についても未来についても時間的に永遠であり、空間的には無限です」。すなわち、一三八億年以前にも宇宙は無数存在していたし、これからも無数に誕生するというのです。しかも、この超巨大な宇宙は無限に存在し続け、それらは永遠に膨張を続けるとのことです。

しかし、誕生した宇宙にも必ず寿命があります。寿命がくるとその宇宙の中にある星たちは大爆発を起こして粉々になり、その星屑が次の宇宙誕生の原料になるのだそうです。なんだか頭がクラクラしてしまいそうな超巨大な物語ですが、これが物理学者の解説してくれた宇宙でした。

このような宇宙に私たちは誕生し、宇宙に生き、その生涯を終えることになります。ですから、この宇宙に学び、その原理に従って生きることになるのでしょう。

2章　人間存在とはなんでしょうか

人間は、食材としてのほかの生物の存在なしには生きてゆけません。そういう地球上のすべての生物は、宇宙の産物であることも確かです。しかも、大部分の生物は大宇宙のほんの一部に存在している「太陽光」なしで生きることはできません。草木や動物のほとんどは、太陽光の恩恵を受けることで生きています。私たちはそういう草（野菜・穀物・海藻）と草から派生する肉を食し、生物を利用することで命を長らえています。人類は宇宙の活動、とくに太陽に完全に従属しているのです。

生命の根源はどこからきたのか

しかしながら、野村教授の宇宙論では「生物」や「生命」の誕生が論じられることは、あまりありませんでした。巨大な宇宙を考えれば、ほぼ地球だけにみられる生物や生命の誕生は、小さな問題でしかないのでしょう。しかし、私たち人間にとっての「生物」や「生命」の誕生は、重大かつ重要な問題です。

生物は遺伝物質のＤＮＡ、それに少々のＲＮＡ（リボ核酸）から誕生しました。そうすると、「ＤＮＡはどこからきたのか」が問題になります。最初のＤＮＡは、宇宙のどこからか飛んできたという説もありますが、多数派は深海に噴出する熱水噴出孔で生まれたとする説です。熱水噴出孔が生命誕生に必要な有機物とエネルギーを持続的に形成できる場所だから、というのです。

ＤＮＡはデオキシリボ核酸、高分子の有機化合物ですから、ほかの物質と同じように宇宙からもたらされた物質です。ですから、生命の根源は宇宙のどこかから飛んできたと考えてもかまいません。しかし、ここでは深海に噴出する熱水噴出孔で生まれたという多数派の説に同調して話を進めることにします。

このＤＮＡが深海で複数個誕生し、これが互いに連結するようになることで生物の誕生に繋がりました。海洋生物の誕生です。最初はラン藻類だったようですが、徐々に数も種類も増加し、やがて海から地上に上がるようになり、さまざまな植物や動物に進化し、増殖してゆきました。

しかし、ここでも疑問が浮かんできます。ＤＮＡがたくさん連結・繋がるようになると、なぜかそれが生物という有機質の物体になるというのです。すると、なぜそうなるのだろうかという疑問が生じます。

無機質の物質と有機質の物質との違いはなにかというと、「死」があるかないかの違いです。いわば無機質の石ころは死ぬことはないが、有機質の草はいつか枯れて死にます。しかし、DNAは有機化合物ですが、生物ではありませんので死ぬことはありません。ところが、死ぬことのない物質のDNAがいくつか連なると「生物」になり、必ず死ぬことになる物質に変わるのです。なぜでしょうか、不思議ですね。

肉体と霊魂とが分離する「死」

私は京都府宇治市に住んでいますが、その宇治市にある世界遺産の平等院には『九品来迎図』という壁扉画があります。国宝です。もうすぐ死にそうな人のところに、空飛ぶ絨毯のような雲に乗った阿弥陀さまがお迎えにくるという聖画です。阿弥陀さまが死者を浄土に連れていってくれるという、平安時代の天台仏教の浄土信仰を描いたものです。遺体はこの世に遺されて朽ちるが、霊魂はこの平等院のような浄土において、阿弥陀さまと一緒に楽しくその生命を繋ぐと信じたのです。

動植物全般に霊魂があるかどうかは確かではありませんが、たぶんあるのでしょう。老若男女を問わず、人間には霊魂があると思います。平等院の『九品来迎図』が示しているように、「死」とは肉体と霊魂とが分離することだと、私も考えています。すなわち、人間の死とは人体から魂が抜け出てゆくことであると理解できます。

アメリカに伝わる作者不詳の詩を翻訳・作曲して、ご自身でも歌った新井満さんの『千の風になって』は、次のように歌っています。「私のお墓の前で泣かないでください。そこに私はいません。眠ってなんかいません。千の風になって、あの大きな空を吹きわたっています……」。テノール歌手の秋川雅史さんがこれをカバーして大ヒットし、二〇〇七年には日本レコード大賞特別賞を受賞しました。この歌の主人公は、「死んだけれども墓の中で眠ってなんかいません、千の風になって飛び回り、一年中あなたを見守っています」と高らかに歌うのです。この場合の「私」は、私の霊魂です。平等院の壁や扉に描かれた霊魂と同じものです。

人間の死とは、肉体から霊魂が離れることだというのはわかりました。そうしますと、「生命の本質は霊魂だ」ということになります。ですから、人が死ぬと私たちは、「天に召された」とか「天国にゆかれた」などと表現するのです。

そうすると次の疑問は、「天」とか「天国」はどこにあるのか、です。幸いなことに現代宇宙論を学んできましたので、「それは宇宙だ」という答えがすぐに出てきます。しかも、その宇宙は九五パーセントがダークマターとダークエネルギーによってできているということですから、私たちの霊魂はこれらの「ダーク」に守られて、無限で永遠の宇宙に生き続けることになります。これが宇宙の原理であって、宇宙に存在するすべてはこのようにして再生されるのです。私たちの霊魂は、宇宙の一部となって生き続けるのです。

ところで、人間の生命のエッセンスは霊魂であっても、それだけでは人間になりません。それでは、「人問存在とはなにか」とあらためて問われたとき、私たちはどのように答えればよいのでしょうか。すると、ここでいま考えたように、「まずは霊魂」、「次に肉体」ということになるでしょう。「人間とは、霊魂と肉体とが結合して誕生した生物である」ということになります。肉体と霊魂のどちらを欠いても、人間になれないということです。ですから、この二者についてしっかりと理解する必要があるでしょう。

しかしながら、このうちの肉体と身体については、医学、栄養学、あるいは健康保険や生活保護などの社会保障の分野においても、これがどのような存在であるかがわかるように、詳細な配慮がなされています。ところが霊魂については、目に見えないこともあってほとんど無関心、あるいは無視されています。人間の幸せには、健康を維持する衣食住など物質的な充足が不可欠であることは当然ですが、同じように精神と霊魂の充足も欠かせないものでしょう。そこで次に、精神や霊魂という「目にみえないもの」について考えてみることにします。

3章 目にみえない存在の「力」

人間として誕生するには霊魂が必要ですが、それでは深海の熱水噴出孔で誕生したDNAに霊魂を与えたのはなんだったのでしょうか。太陽の光は届きません。そういう暗闇の海底でDNAに「命」を与えたのはなんであったのか。それが「ダークマター」ではないかと、私は考えています。生命という重要なものが、「ほかの星から飛んできた」などと考えるには無理があります。私たちが「現代宇宙論」を学んで知ったほかの星に、生命は存在しないからです。

では、「命を与えたのはなにか」と考えると、宇宙空間にびっしりと存在しているダークマターではないか、ということになるのです。そもそもDNAを生み出したのはなんであったのかを考えても、たぶんそれはダークマターであったのではないかと思います。

先に書きましたように、ダークマターは「私たちの身体をもすり抜けている未知の素粒子」であると理解しますと、深海でDNAをつくったのも、それを連ねて生命を誕生させたのも、このダークマターであったのではないかと推測できるのです。

「生物」に関する書物を読むと必ず、「突然変異によって」とか「進化して」、その結果このようになったという説明に出あいます。キリンの首が長いのも、象の鼻が長いのも、人類が進化の過程でチンパンジーと分かれたのも、すべて突然変異か進化によるというのです。しかし、自分の首を長くする遺伝子をキリン自らがつくりだす、あるいは与えられた作業をするのに都合がよいように象が自分の鼻を長くするDNAをつくったなどと考えることはできないでしょう。

それでは、なにがそのような変化をもたらしたのでしょうか。一般的には、それは「大自然」であったといえるでしょう。大自然がそのような変化をつくりだしたのです。先の現代宇宙論で考えますと、「その大自然とはダークマターではないか」ということになります。先に述べましたように、宇宙全体の物質のおよそ二六パーセントがダークマターであると説明されています。このダークマターが「生命」を生みだし、さらに突然変異や進化を進めていると考えるのが妥当ではないかと、私は考えています。

人間の目からすると、近代科学はたしかにすばらしい発展を遂げました。その結果、「科学的な裏づけがないと信用できない」とか「理性的な理論でなくてはならない」などと、往々にして科学至上主義が社会を席巻するようになりました。とはいえ、私たち人間が近代科学によって認識できる大自然は、宇宙全体のわずか五パーセントだけです。この大自然の五パーセントを人間の知恵で分析して、

「これが科学的なデータだ」、「理性的な結論だ」などといっても、ほんとうのところはよくわかっていないのです。

身近なところでは、「光は粒子であり、波でもある」という説明があります。光は粒子であるという指摘はわかります。ところが、「同時に波である」となると、科学的ではなくなります。池の手前側に石を落として波をつくると、その石はこちら側に留まっているのに、水面の波だけは向かい側に伝わります。波としての太陽光は美しい七色の虹をつくるなどして、光は波ですよと教えてくれます。このように、近代科学だけでは理解できない現象も、もしかしたらダークマターの仕業かもしれません。

「ダークマターとダークエネルギー」に関して、本書では二つの文献に基づいて解説しています。野村泰紀教授の『なぜ宇宙は存在するのか―はじめての現代宇宙論』と岩波書店発行の雑誌『科学』二〇二三年一〇月号の記事「ダークマターの正体は何か」です。

野村泰紀先生は「人間が認識している宇宙の中での星や銀河の質量の合計は、たったの五パーセント」だと解説しています。また「宇宙のエネルギー密度の組成は、ダークマター二六パーセント、ダークエネルギー六九パーセント」としています。ですから、素人の私たちが理解するには、宇宙全体のおよそ九五パーセントがダークマターとダークエネルギーで、私たちが認識している宇宙は、たったの五パーセントである、ということです。

　いっぽう、雑誌『科学』の説明は、二〇一九年ノーベル物理学賞を受賞したジェームズ・ピーブルズ博士の理論を紹介し、「ダークマターの総量は原子の総量の五・五倍ほどとなり、宇宙の物質の約八五パーセントは、原子ではなく、未知の物質（ダークマター）であることがはっきりした」などと解説されています。ほかの項目は、野村泰紀教授の説明とほぼ同じです。

「私」を超えた存在に夢を託す行為と宗教

　私たちはときどき、「夢」をみます。自分が体験したことのある事柄の夢については、その記憶が頭（脳）に残っていて、それが夢として出てくるのだろうと理解できます。ところが、まったく見たこともない景色、会ったことなどない人、テレビや写真、本などで見たり読んだりしたことのない事柄が夢に現れることがあります。不思議なことで、理由はわかりません。

　考えてみますと、そもそも「夢をみる」こと自身が不思議です。そんなことを思い出そうなどとは思ってもいないのに、勝手に「夢」に出てくる。結局、「主人公である私とは別の誰かが、私の頭の中に入り込んでいるのだ」ということになります。

　「私の頭の中に入り込んでいるなにか」とはなんでしょうか。おそらくそれは、私の能力を超越した存在でしょう。神社に参拝した多くの人は、願いごとを護摩木に書き、それを奉納することで自分の願いごとを実現したいと願います。そういう人の願いは、「家内安全」、「恋愛成就」、「大学合格」

などさまざまです。この行為は私を超えた存在、すなわち神さまの存在を認め、かつその力を信じ、その神さまに私の願いごとを実現させてもらおうというものです。

結局、夢を生みだしているのは夢をみる本人ではなく、この神さまのような「目にはみえない存在」だということになります。「目にはみえない存在」を、私たちは感性によって「なんとなく感じる」といった認識で認めているのです。

いっぽう、山の多い日本では、少し高い山に登ると祠などがあって、近隣の人たちの信仰を集めています。大きな岩、大きな木、大きな滝なども信仰の対象になっています。ヨーロッパでは、「森の精」などとよばれ、森や岩は精霊の宿る存在として子どもむけの童話などでも伝えられています。北欧のフィンランドでは「ムーミン谷」などというちょっとした谷間が、妖精たちの住む魅力的な空間になっています。妖精もある種の精霊でしょう。

しかしながら、人類の歴史においてもっとも大きな力を発揮した「目にはみえない存在」は、宗教です。ユダヤ人の民族宗教であるユダヤ教が「偶像崇拝」を強く否定したために、そこから派生したキリスト教もイスラーム教も、偶像崇拝を強烈に否定する世界宗教になりました。そして、神を目にはみえない存在として主張しています。仏教も、当初は仏陀の肖像を描いたり彫像をつくったりすることは禁止していました。それがそのうち、「足跡だけなら画いてもよい」となり、さらに大乗仏教ではギリシャの彫刻技術に学んで仏像がつくられるようになりました。

それでも、キリスト教、イスラーム教、仏教などの世界宗教は、「神や仏」を目にはみえない存在として教え説いています。その理由はこうです。神や仏を目にみえるものとして認識すると、そのイメージがずいぶん小さなものになってしまうと考えたからです。宇宙を創造した「超無限で超永遠の神」などという説明が説得力をもたなくなると恐れたのです。

神・仏への信仰から生まれる文明

人類の文明は、このような「目にはみえない神・仏」を信仰した人や民族によって生み出され、発展してきました。別言しますと、そのような宗教をもてなかった人たちは、文明の発展に後れをとってしまいました。

日本の例で考えてみることにします。

江戸時代を通じて、幕府は当時の儒教・朱子学を「正学」と認め、これを学ぶことを諸藩に強要していました。庶民も儒教の教えを信奉して幕府の指針に従いましたので、ほぼ二六〇年もの長期にわたり、平和で安定した社会が続きました。もっとも、儒教は宗教というよりは政治思想、文化思想でした。そういうこともあって、天皇、将軍、大名、庶民に至るまでが仏教の教えに従っていました。仏教が説く人の根本的な四苦、「生老病死」からの救いを誰もが求めていたからです。

こうして、江戸時代の日本人は、儒教と仏教に支えられて固有の「江戸文明」を築いていました。

明治維新がいわゆる「無血革命」で実現できたのも、この儒教と仏教の教えの賜でした。「礼」を尊重する儒教と「殺生」を避ける仏教の教えとが、日本人の心の根底で働いたからです。

明治政府がヨーロッパ諸国から学んだ知恵の一つは、「日本という統一国家を実現するには、強力な単一宗教を創造すべきだ」というものでした。かつてヨーロッパの国ぐにはすべてキリスト教を国教にしており、その宗教の布教をとおして侵略戦争にも勝利していた実態を知ったからです。

明治政府はそこで、日本の伝統宗教である「神道」と江戸時代を通じて身に着けた「儒教」とを結合させ「国家神道」を創造しました。儒教と仏教とを結合させることは不可能ですが、神道と儒教なら可能であり、国家統一の柱として好都合であると考えたのです。神道には固有の教義がないことも好都合でした。

廃仏毀釈政策によって平和主義的な仏教を排除した日本は、国家神道という新しい宗教のもとで世界に挑戦をはじめました。みごとに敗戦に終わりましたが、国家神道という強力な宗教が実現したことで、国家や国民のあいだに強力な闘う力を創造できた事実は理解できるでしょう。

敗退した日本に欧米の戦勝国が強力に要求したのは、この国家神道を廃棄させることでした。そして、この国家神道に代わって日本を統治する思想として提示されたのが、「自由民主主義」でした。キリスト教的な思想を背景にした自由民主主義ですが、これを受け入れた日本はアメリカの属国のようだと揶揄されながらも、平和で豊かな社会を八〇年近く実現・継続してきたといえるでしょう。

このことからも、国家を形成し国民一人ひとりの人生を支えるなどの大きな働きをしているのが、じつは目にはみえない宗教や思想のようなものであることがわかりました。

そこで次は、具体的な「目にもみえる存在」を考察することにしましょう。すなわち、一人ひとりの暮らしを支え、支配し、かつ社会を形成して国家を構築してきた「人の営み」を概観することにします。

4章　目にみえる共同体の実際

人間は群れをつくって生きる動物です。なぜ猫のように単独で生きないのか。その理由はわかりません。神さまが人間をそのように創造されたのでしょう。神さまというのは、宇宙の原理です。宇宙の原理を、人間が勝手に変えることはできません。それでも、神さまは人間を群れの動物としてつくってくださいましたので、人は「協力して生きる」という生き方をすることで、すばらしい幸せを手に入れました。

では、ともに暮らしはじめた人間たちはどう協力してきたのか。まずは、協力して狩りをする、協力して安全を守る、食物を分けあう、子ども・老人の世話を協力して行なう等々です。そのように、人は助けあうことを基軸に人間社会を構築してきました。現在においても、協力して生きることは「人として生きる」うえで欠かせないものとして、ゆるぎない価値を保ち続けています。

さらに、農業を営むようになると集落を形成し、協力して潅漑施設をつくりました。群れをつくって複数の人たちで暮らせば、楽しいおしゃべりをすることも、遊びをすることもできます。助けあいながら作業をしたり、村祭りなどを催したりすることで、すばらしい社会を実現させました。このような群れを、私たちは「共同体」とよびます。

助けあいの狩猟採集から家族共同体の農業に

現生人類が誕生したのは、二〇万年ほど前のアフリカ南部であったと考えられています。それ以後のおよそ一九万年のあいだは、ほかの類人猿と同じような狩猟採集の生活をしていたとされていています。この時代の人類は、三〇人くらいで共同体を形成して暮らしていました。この共同体には夫婦という概念はなく、男女は群婚で子どもは共同で育てていました。

あらゆる動物にとって、食料の獲得は不可欠です。人口が増えてくると人類は農業をはじめ、自分たちの力で食料を計画的に入手するようになりました。人類が農業をはじめたのは、いまから一万五〇〇〇年くらい前のことであったとされています。しかも、農作業は夫婦単位で営まれるようになっていましたので、その家族共同体を基本に、やがて集落共同体、村落共同体などを形成するようになります。

狩猟採集時代の三〇人ほどの共同体の暮らしを考えてみましょう。まずその人員構成ですが、おそらく狩猟の仕事ができたのはそのうちの男性一〇人くらいで、採集の仕事をしていたのは女性一〇人、そして残り一〇人は子どもと老人ではなかったかと想像します。このような共同体では、一人ひとりが大切な存在であったであろうと思います。同時に、一人ひとりにとっても共同体の存在なしには生きてゆけなかったでしょう。

しかしながら、この三〇人ほどの共同体は必ずしも快適な集団ではなかったのではないか、とも推測します。考え方や好みにしても、人はそれぞれ異なります。それに群婚の時代はたぶん、女性をめぐっての男同士の争いが絶えなかったのではないでしょうか。一人の女性をめぐって、複数の男性たちが獲得の争いをしたはずです。

しかし、農業がはじまって各人がそれぞれ生産に頑張るようになると、男たちはそれぞれ一人の女性を妻にして、個別の家庭をつくるようになります。幸いなことに、神さまは人類を男女ほぼ同数に生まれるようにつくってくださっていますので、ほとんどの人は結婚できました。平和でハッピーな話です。

しかし、農業を営む暮らしは、そう簡単にハッピーな人生を実現できるものではありません。農業の生産性を上げるには多くの知識と知恵が必要です。どんな植物が栽培可能か、栽培方法をどうするのか。暦も必要になります。では、その知識をどのように入手するのか、水を供給する灌漑施設をどのように整えるのか、農作業にはどんな道具が適しているのか等々、試行錯誤の実験を続ける日々になります。

リーダーの出現が闘争する社会を助長

そうするなかでさまざまな人材が、それぞれのグループから出現してきます。天体と気候を観察して暦をつくる人が現れます。そういう人が神官などとして、グループのリーダーになったりしたのでしょう。

リーダーは灌漑設備の充実などを提案し、作業を監督する権力者になります。そのような権力者のもとには知恵者たちが集まって、しだいに大きなグループを形成し、村落共同体として成長するようになります。

農業文明を大きく発展させて生きようとした人類に次にもちあがった難問は、戦争の勃発でした。当初は、他者が生産した農産物を収奪するだけの単純な襲撃でした。しかし、次の段階では農作物を栽培する田畑、すなわち大地をごっそり奪うようになります。戦争です。

戦いによって土地を奪いあうようになると、一つのグループをつくって狩猟採集で生活していた者たちも、やがて農業生産に従事するようになって、散らばって暮らしていた人たちの多くは再び合流して共同体をつくるようになったのです。しかも、権力者と権力者との対立にはじまる戦争に勝利した群れは、より大きくて強力な共同体を形成しました。

戦国時代を経て実現した江戸時代の日本は、そのような姿の幕藩体制という共同体であったといえるでしょう。

幕藩体制という共同体が抱えていた日本の課題

江戸時代の幕藩体制は、増減はありますが各地に三〇〇ほどあった藩が、幕府の支配のもとでそれぞれに行政を担う共同体でした。幕府と各藩は封建的な主従関係によって結ばれていたのです。幕府の行政・財政に重要な土地であった江戸、大坂、京都の中心部や金山などの直轄地、禁裏・寺社領などに暮らす人たち以外は、いずれかの藩に所属していました。こういう状態にあると、人びとのあいだに「日本人」という国民意識のようなものが芽吹くことは、まずありません。人は、「薩摩藩の武士」とか「松代藩の百姓」などという意識のもとで生き、死んでゆくことになります。

共同体というのは「仲間たちの輪」のことですから、江戸時代の人にとっては大きな枠での共同体は藩であった、といえるでしょう。藩を超えての人の移動は原則として禁止されていましたから、言葉も藩ごとに独自に発展し、他藩とは異なる表現やアクセントで話すようになっていました。その結果、おおまかにいえば、各藩の言葉は現在も東北弁とか京都弁などとして残り続けることになりました。

主要産業が農業で、人の移動がそう多くなかった江戸時代は、それなりに安定した村落共同体が成立・継続していました。稲作中心の農業でしたから、暮らしにまつわる各地の多くの行事も、やはり稲作に関連していました。種まきに関連した行事、田植えに関連した行事なども、お祭りとして村ごとに催されていました。加えて、農閑期の楽しみの行事などもありましたから、お祭りは共同体としての結束を維持・高揚する有意義な活動であったといえるでしょう。

子どもが生まれる、誰かが結婚する、老人が亡くなる、自然災害に襲われるなどのさまざまな事態にも、共同体は対処しました。そのような出来事や災害にも対応する寺院や神社などの祈りの場は、集落ごとにできました。村落共同体はそのように有効に機能しましたが、同時に問題も抱えていました。共同体内での「自由」の問題でした。

『旧約聖書』には、古代イスラエルの社会がいかに詳細な規制によってがんじがらめになっていたかが記述されています。たとえば、安息日です。人はいっさいの仕事を止めて、休まなくてはならない日です。この日は病人の世話すらしてはならない、などの不合理な慣習までできてしまいました。「安息日は人のためにある」という自由な発想もできなくなっていました。そういうなかで慣習や決まりごとの改革を主張すると、「村八分」にされることもありました。周囲の人たちと力を合わせて暮らせないというのは、共同体の一員としては厳しい事態です。

江戸時代の日本にも同様の慣習はありましたが、現在の日本にも同じようなことが続いているケースがあるのではないでしょうか。

村落共同体を解体させた産業革命

そのような村落共同体を、産業革命は解体する働きをしました。農業を中心に生きていた時代は、人はあらゆる面で決定的に土地に縛られました。土地から離れられないのですから当然、土地に依存して形成されている村落共同体から離れることなどできません。ところが、産業革命が進行すると、人は土地の束縛から離れて工場で働いたとしても、暮らしは成り立つようになります。しかも、農村を出て工場で働く人たちは、新しく「町」をつくることになりました。

町にもやはり共同体はできます。地域共同体です。しかも、新しい地域共同体のもとでは、村落共同体よりも緩やかな縛りで日々の暮らしを営むことができました。工場労働者は雇用された工場内においてすでに会社共同体あるいは工場共同体を形成していますから、地域共同体の重要度は低かったといえるでしょう。

出産にしても、かつての村落共同体だと近隣の産婆さんをよんで手伝ってもらい、子どもを取りあげてもらっていました。それが現在では、たいていの場合、病院で生むようになりました。お産は病気ではありませんが、危険をともなうからです。かつては産褥熱などで多くの母親が命を落としました。産婆さんには医療行為はできないから、生まれたての赤ちゃんの生存率は低いものでした。その点、病院での出産は安全で、安心してお産の日を迎えることができます。

「ちょっとした家事や農作業を手伝ってもらいたい」、「少額のお金を借りたい」というときも、村落共同体は便利でした。近隣の誰かに頼めば解決できました。しかし、サラリーマンたちの共同体である町内会や自治会のメンバーに借金や作業のお手伝いをお願いするのは、なかなかできないことです。田舎の人の情は厚いが、都会の人は薄情だという決めつけも、こんなところからきているのかもしれません。

しかし、この現象は都会と田舎の文化的・社会的な違いに起因するというよりも、社会の近代化にともなって人の意識が個人主義的な傾向に変わったことを反映しているのではないでしょうか。いずれにしても、近年では会社共同体そのものがあまり共同体らしくなくなっています。共同体のメンバーに結婚相手を紹介する、探してあげるなどは、「よけいなお節介だ」と敬遠されるようです。それぞれの人が、個人の力で相手を探さなくてはならない社会になりました。

共同体を似たような経緯で成立させた西欧と日本

共同体の現実を日本の例を中心に書きましたが、世界の多くの国も日本とほぼ同じような共同体の歴史を歩みました。いずれの国も文明を発展させようと努力した結果、同じような文明のもとに生きるようになったからです。とくに、日本と同じような封建制が普及した西ヨーロッパ諸国においては王制（日本では幕府）のもとに貴族制度（日本では幕藩体制）を確立させ、各地の領地はその地の貴族（日本では藩主）が支配することになりました。そういうなかで、西ヨーロッパ諸国の領民は教会の組織・制度と結合して農業文明を発展させることで、近代西欧社会を実現させたのです。

では、その西欧においての共同体とはどのようなものであったのか。じつは日本が神社や寺院を中心において共同体を運営していたのと同じように、西欧では教会が中心になって共同体を形成していたのです。キリスト教社会では、原則として家族は全員が毎週教会に集まります。そのようにして集まった人たちは、共同体の行事を教会の行事として執行していたのです。春祭りである謝肉祭（カーニバル）、そのあとの復活祭（イースター）、花祭り、ビール祭り、葡萄酒祭り、秋祭り、そして降誕祭（クリスマス）などがそういうものでした。

知識も医療も教会にありました。修道院が病院、孤児院、養老院、そして学校機能なども担っていました。なかでも修道院は、ラテン語という国際語をとおしてキリスト教にもとづく倫理観や価値観、それに美学、宇宙観などを共通基盤に、「西欧文明」という大きな共同体を形成する働きをしていたのです。

西欧においては産業革命以後の人たち、日本では明治維新以後の人たちは、いろいろな面でずいぶん自由になりました。それまでの社会は、「土地の広さを基盤とする農業経済」の上に成り立っていました。その結果、先に書きましたように、暮らしのすべての面で「規制」がたくさんあったのです。日本の明治維新は経済的な面では産業革命でもありましたが、住んでいる土地による規制を撤廃することにもなりました。移動の禁止が解かれ、転居することも旅することも自由になりました。こうして、「自由」を獲得した人たちは、喜び勇んで都市に移住しました。

しかし、自由というのは常に「競争できる自由」であって、自分の希望を実現させる自由ではないのです。むろん、自由に競争して負けてしまえば、自分の希望が実現することはありません。

自治体も国家も民族・家族を基盤に成立するがゆえに

西欧においては、日本より早い段階で産業革命が進行しました。したがって、社会の変化は日本よりもはるかに早くから進みました。人びとが農村から都市に移住したことで、農村人口は縮小しました。都市は逆に膨張して、スラム街ができ、結核などの伝染性の病気も蔓延しました。都市には自由競争に勝利して豊かになった人たちがいるいっぽうで、敗者になって病院にも行けない人たちが多く生まれるなど、格差社会が出現しました。

そのような社会の深刻な問題に対処する力は、地域共同体であろうと会社共同体であろうと、備えていません。地方自治体や国家の登場が求められます。その結果、いわゆる社会主義とよばれる思想や政治集団が出現します。現代世界において近代国家を実現し、福祉国家としての制度を確立・成功させていると評価されている欧米諸国や日本などの国ぐにでは、「社会民主主義」とよばれる思想が流布・機能しています。具体的には、労働党、社会民主党などと名乗る政党によって政権が維持されている国ぐにですが、最近では保守主義を主張する政権でも福祉国家の制度を受け入れるようになっています。

かたや、ＣＯＶＩＤ‐19のパンデミックは、期せずして現段階において人類共同体が抱える現状と課題を明白にしました。新型コロナ・ウイルスの感染拡大の危機に直面した各国は、国ごとに規制を強化し、ワクチン接種を無料にするなどの感染防止策を強力に推進したのです。「国ごとに」とは、多くの場合「民族ごとに」とほぼ同じです。

各国政府は、国民を守るためにワクチン接種を無料で実施しました。日本では多くの場合、老人や基礎疾患の持ち主を優先しました。在留外国人も含まれましたが、民族共同体の実態を明白に露呈することになりました。国家や民族を超えて共同歩調をとってきたEUのような組織でさえ各国別に、すなわち民族別にワクチン接種を行なったのです。これが現実でした。

しかし、このような自民族優先の行動は、批判されることになりました。たとえば、ワクチンが届かない貧しい国があるなかで、カナダは必要量の三倍ものワクチンを手配し、それをストックとして抱え込んでいたのです。

今日の世界は、大枠としては民族共同体の集まりです。しかも、その共同体は各地の大都市、小都市、学校、会社、集落のそれぞれの中核を形成している「家族共同体」の集合によって成り立っているといえるのです。

5章　仏教を軸に文明共同体を構築した日本

江戸時代以降の日本文明形成にあたって、「目にはみえないもの」がいかに重要な働きをしたかは、先に書いたとおりですが、これらの目にはみえない文化のことを、私は「文明共同体の基軸文化」とよんでいます。しかも、江戸文明共同体とでもいうべき存在の基軸文化を構成していたのは、儒教・朱子学と仏教であった、と私は考えています。

では、江戸時代に生きた人たちにとって、その基軸文化は日常生活においてどのように機能していたのでしょうか。この基軸文化は人びとの「価値観と常識」の基本になっていました。しかも、それは人の価値まで規定する力を備えていました。「士農工商」という職業にもとづく生まれつきの身分で人の価値のおおよそが決まりました。武士という身分がもっとも高い価値をもっていました。

たとえば、一人の武士は米五〇俵の価値（収入）がある、農民は一人一〇俵の価値というように決まっていました。さらに長男は五俵、次男は三俵、女は二俵といったかたちでの序列も確立していました。このような価値観を、世間の「常識」として共有していたのです。年功序列の慣習も、女性は男性に従属することも常識でした。

女性は「三界に家無し」などと表現されました。子どものときは父親に従い、結婚したら夫に従い、老いたら長男に従いなさいという因習的観念です。三界というのは仏教の教えで欲界・色界・無色界、すなわち全世界のことですが、儒教はこの仏語を利用して、「女性にはこの世界のどこにも身を落ちつける場所はない」としたのです。

なぜ、こんなことになったのか。江戸時代の社会と経済は、農業文明によって成り立っていたからです。農業という土地に縛られた文明は、便利な思想でもあったのです。

この儒教による社会制度は、女性をはじめ弱い立場の人たちを苦しめました。しかし、その苦しみから救ってくれたのは、じつは仏教でした。「この世には苦しいことが多いけれども、従順につつましく生きれば来世に幸せが待っている」と説いたのです。仏教は救いであったのです。

この思想・常識の影響は現代にまで続きました。仏教はいまでこそ「葬式仏教」などとよばれますが、葬儀、法事、お盆などの仏事、それに共同体が共有する菩提寺の維持・管理などをとおして、仏教とお寺は共同体の維持を裏方のように担っていました。共同体に共通する思想・常識の支柱的役割を担っていたのです。

儒教・朱子学と仏教は、江戸文明の基軸文化でしたが、この文化は明治維新後の日本社会においても根強く浸透したままでした。この状況は、第二次世界大戦まで続きました。

神道と儒教とを合体させた国家神道

明治維新以後の近代日本は、儒教を内包する国家神道を創造して国家として世界挑戦をはじめました。第二次世界大戦では敗戦となりましたが、この国家神道は一部の人たちによって今日でも強く支持されています。たとえば靖国神社を崇敬する人たちには、民族主義的な思想をもとに儒教的な主張をする人もいます。もっとも、先にも書きましたように、現在の国家神道は日本の敗戦にともなって占領軍によって排除されています。

国家神道を現代的な言葉で表現しますと、この神道は「国教」であったといえるのです。現在の世界で国教を定めている大部分の国の宗教は、イスラーム教です。先進国で国教を定めている国はありません。イスラーム教を国教にしている国では、イスラーム教がその国家共同体の基軸文化となっているといえるでしょう。

日本の民族宗教は神道です。憲法で日本国の象徴としている天皇家の宗教も神道です。それでも、この神道は国家神道ではないし、国教でもありません。

そういう日本の皇室制度はずいぶん矛盾の多い制度で、たとえば皇族などの皇室関係者には人権すらありません。選挙権もなければ、政治に意見を述べる自由もありません。にもかかわらず、個人的な病気であっても公表・報道されてしまいます。人間としてのプライバシー、人権が守られていないのです。

神道は、そのような「国家神道」と「神社神道」とに分けられますが、神社神道の施設は現在も日本各地にたくさんあります。文化庁の調査にもとづく『宗教年鑑　令和4年版』によると日本全体で神道系の単位宗教法人は約八万四〇〇〇、法人登録されていなくとも宗教施設のある小神社も含めると一〇万団体以上あるのではないかといわれています。単位宗教法人というのは境内建物を有する宗教法人のことです。ちなみに、仏教系の単位宗教法人は約七万七〇〇〇あります。

これほど多くの宗教施設が存在する国は、世界でもおそらく日本だけではないかと思われます。五〇〇〇人ほどの住民が住む私の故郷の長野県の町ですら、小さな神社をふくめて五つもの神社があります。日本の平均からすると、これでも人口のわりには多いほうだという計算になります。山間地域の一〇〇人ほどが暮らす小さな集落でも、社は一つはあります。

そのような日本の神社は、基本的にはそれぞれの集落の「守護神」です。特定の目的はない「総合的な守護」を担当してくださる神さまです。それぞれの地域に暮らす人たちの家族の病気治癒、交通安全、進学にあたっての合格祈願、農産物の豊作、災害からの守護、世界平和等々の願いごとを聞き入れてくださる神さまです。いわば、「困ったときの神頼み」に対応してくださるありがたい神さまです。

神社神道は、現代日本文明の「裏方文化」

いっぽうでは、山、巨岩、大木、森林、大河などの自然そのものに精霊あるいは霊魂が宿るという信仰も日本人のあいだには根強く存在し、これも神社神道の役割の一部を果たしています。すなわち、しめ縄を巻かれた巨岩や大木にむかって、人は病気の快癒や大学合格を祈るのです。しめ縄を張るのは、邪悪なものを排除する「結界」をつくるとされているからです。しめ縄は神道による「聖別」を示し、俗物との区別を表現しているのです。

日本の神道はそのような自然信仰、自然崇拝の要素がたいへん強く、「大自然→大宇宙→神」という関係を連想させます。その意味では、国家神道ではない神社神道は、自然回帰が叫ばれる二一世紀の思想になれる可能性があります。

しかしながら、日本の神道は神道全体を統括する組織を欠いています。一九四六年に占領軍によって国家神道が廃止されたのち、神社神道の連絡組織として「神社本庁」が発足しました。いかにも官庁のような響きの名前ですが、まったくの民間組織です。サン・ピエトロ大聖堂を中心とするヴァチカン宮殿が世界のローマン・カトリック教会を統括する組織になっていますが、そのような体系だった権威を日本の神道は欠いているともいえます。

神道は日本の民族宗教ですから、古代からの古い神社や神宮があります。伊勢神宮、出雲大社、諏訪大社などが古い神社の代表格で、新しい神社には明治神宮、熱田神宮、平安神宮などがあります。

新年を迎えると多くの日本人は、そのような神社や神宮に参拝します。すると、この行為は「宗教行事なのか、それとも伝統行事なのか」といった論争を生むことになります。たしかに論争になりそうな要素があります。

ともかく、元旦に社寺を参拝・参詣する行為は、暮らしの多方面でそれなりの働きをし、それなりの希望や満足を与えてくれていると、多くの日本人は納得しているようです。

私の家の近くにも神社があります。森に囲まれた日本の各地にある田舎のひなびた面影を残す神社です。ここをときどき散歩していて気づくのは、参拝者が増えていることです。正月三が日には、寒いのに参拝者が二〇〇メートルにもなろうかという列をつくっていることに驚きます。新型コロナ・ウイルスの影響かもしれませんが、日本人は神さまにそれなりの救いを求めているのでしょう。

たくさんの人たちが、神さまに守られて一年間を無事に暮らすことができたという感謝と、「今年も同様にご加護をお願いします」という願いの印として、お賽銭を供えています。もっとも、一〇円や一〇〇円のお賽銭で大きな願いごとや期待を実現してもらえるとは思えませんが、人の心に一定の安らぎを与える効果はあるでしょう。

それでは、「現代日本において、神道は日本文明の基軸文化であるか」というと、違います。現代日本文明の基軸文化は自由民主主義であって、神道は基軸にはならないでしょう。しかし、ここまで書いてきましたように、日本人の暮らしや生き方にそれなりの影響力をもっています。やや小型ですが、江戸時代の仏教に似た機能をもっているとみることはできます。したがって、結論はこうなります。日本の神社神道は、「現代日本文明の裏方文化です」と。

合理主義と自由主義が先進国を構築する

先にも書きましたが、現代日本文明の基軸文化は自由民主主義です。しかし、この文化を支えている根本思想は近代合理主義です。一七八九年にはじまったフランス革命は、近代合理主義革命を実現させるものでした。では、その革命は具体的にどういうものであったのか。その革命思想は、王制や貴族制など、「家柄や身分」で人の価値が決まっていた社会を否定して、「合理的に実現した価値を社会的価値として認める」というものです。

たとえば、ある貴族が自分の領地で一〇〇頭の牛を飼育して一年で一〇〇万円の収入をあげたとしても、ほかの実業家が同程度の牧場で一五〇万円稼いだならば、社会は多く稼いだ実業家を高く評価することになります。現代の私たちはこれを当然のことと思ってしまいますが、当時は革命的な考え方であったのです。

日本における近代化革命は明治維新でした。この明治維新以降は、それまで武士だった人たちも一般の商人や職人と競争しつつ生きることになりました。社会には合理的な価値観が拡がりましたから、長男よりも次男のほうが優秀であれば次男が家業を相続したり、ときには長女がお婿さんを得て相続したりする例も現れました。入学試験も、身分ではなく成績によって合否が判定されるようになりました。

このような合理的な制度が普及することで、女性への差別が少なくなりました。女性も男性と同じ試験を受けて合格するようになったからです。

合理主義思想は自由主義の主張となり、資本主義経済の発展を促進しました。合理性を実現するには自由が必要です。制約・制限があれば合理性は追求できません。結果として、「競争」が社会を仕切る重要な要素になります。競争すると、合理的な性格を備えた側が通常は勝ちます。入社試験で高い点数をとれば、その人は採用されます。点数が低かった人は不合格です。合理的な価値観を基準にした判断だからです。

この決定に不服を申し述べることはできません。合理的な結果はできるだけ承認しなくてはならないという価値観が、社会全体の常識になったからです。この結果、能力の低い人は脱落します。弱い企業は排除されます。弱い企業というのは、必ずしも中小企業を指すのではありません。大企業であっても、競争相手よりも品質が劣っていたり値段が高いなどの大きな弱点があったりするのが弱い企業です。社会全体が、優れた商品や快適なサービスを安価で提供する企業を歓迎するからです。

こうなると、すばらしい近代社会が結果として実現します。現時点で先進国とみなされているのは、ほぼこのような制度を備えている国ぐにです。

現代日本の基軸文化は自由民主主義

「天皇制」と「第九条」には問題がありますが、日本国憲法は自由と民主主義を基調とする立派な憲法です。自然権としての人権をこの憲法の主人公にして、「公共の利益に反しないかぎり」あらゆる「自由」を広く認めています。しかも、そこに「民主主義」を付随させています。この点が重要です。民主主義とは、人権を認められた国民が自由を監視し、ときには自由を規制することもできる制度だからです。

自由をそのままにしておくと、強い人、強い企業の支配が増大して独占と寡占を生みそれが腐敗を進行させて、社会を崩壊させます。そこで、民主主義によってコントロールしながら、社会を安定させ発展させようという思想が生まれます。私は、これが現代日本の基軸文化であると理解しています。現代日本は、自由民主主義共同体であるということです。

独裁権力者や政党などの政治集団や軍隊が、その国の最高権力の座に一〇年、二〇年と座り続けているような国家を除くと、日本を含む先進国のほとんどは自由民主主義国です。先に説明しましたように、自由民主主義は合理的な価値観にもとづいた経済活動を続けることで経済発展を進展させ、豊かな社会を実現させました。しかし同時に、その豊かさは環境破壊、自然災害の巨大化、天然資源の枯渇などをともなった経済発展になってしまいました。

6章　女性上位の社会こそが穏やかな世界を実現する

家族共同体は、男女の結婚による夫婦の誕生にはじまります。人類の歴史においては、結婚の形態は時代によって、またその家族が属している民族文化によって、さまざまに変化してきました。狩猟採集の時代、農業をはじめた初期、農業文明が成熟した時期など、それぞれの時代、それぞれの民族の宗教の性格などによって、結婚の形態にはかなりの相違がありました。

姓にしても、ヨーロッパだと夫の名前がロバート・スミスで、妻になる女性の元の名がメアリー・アンダーソンだとすると、結婚後はミセス・メアリー・アンダーソンにはなりません。ミセス・ロバート・スミスになるのです。すなわち「ロバート・スミス夫人」になるのです。

ヨーロッパの家父長制と日本の家父長制

なぜそんなことになるのか。それはキリスト教の教えによるのです。『新約聖書』「マタイによる福音書」一九章五節には、「それゆえ、人は父母を離れてその妻と結ばれ、二人は一体となる」と書かれているからです。結婚したなら、「夫婦は一体となって社会の基本単位である家族共同体を形成するように」という国王の定めた制度でもありました。その教えは、さらにカトリック教会とも結びついたことで、離婚は許されませんでした。このことが、ヨーロッパにおける家父長制の出発点になりました。

日本における家父長制は、奈良時代にも平安時代にもありましたが、確立したのは江戸時代です。やはり儒教にもとづくものでした。「家」にかかわる事項は、父親が独断で決めてよいことになっていました。子どもの結婚にしても、父親の承諾なしには認められませんでした。

このような家父長制は、第二次大戦が終わるまで続きました。部分的には現在も続いているところもあるのですが、「親が反対したので結婚できなかった」といった例のあるなかで、自由民主主義にもとづく結婚の様式が戦後の日本でも実現したのです。

具体的には日本国憲法第二四条、「婚姻は、両性の合意のみに基づいて成立し……」に規定されています。憲法によって結婚の自由が認められたのです。結婚は当事者二人の合意のみで成立するのですから、親の出番はありません。このことは、それまで続いた親を中心とする家族共同体から離脱して、新しい家族共同体が形成されるということでもあります。

いわゆる未開社会とよばれるような暮らしを送っている人たちをも含めて、どの民族にもそれぞれの結婚の形式、様式、手続きなどがあります。その民族社会が、その夫婦を社会的に承認し、民族存続のための次世代育成を確認するのが手続きです。すなわち、結婚する夫婦に子どもの誕生と養育が社会から期待されているのです。

人類の宝である女性を解放せよ

自由に結婚ができてハッピー、というような単純な個人的変化ではすまないことに注目する必要があります。しかも結婚は、男性にとってよりも、女性にとって決定的に重要な人生の事件になることを理解しておかなくてはなりません。

結婚するということは、性行為が社会的に認められるということです。したがって、男性にとってはありがたいことですが、性行為を嫌だと思っている女性がいたとしても、受け入れなくてはなりません。女性は妊娠しなくてはならないからです。「男性は女性を、子どもを産む器械としてみている」といった非難の声を昔、耳にしたことがありました。それでも、民族共同体の存続と将来をみすえた視点で考えると、当然のことながら女性に子どもを産んでもらわなくてはなりません。

では、「子どもを産む」という大きな負担を、なぜ女性にだけ押しつけるのか。いうまでもなく、これは大自然のなせる業で、宇宙の神さまが決めたことです。

女性について神さまが決めたことで、人間にはどうすることもできないことはいくつもあります。

まずは生理(メンス)です。健康な成人女性は、一五歳ころから五〇歳ころまで毎月、一週間くらいは辛い生理の日があります。頭が痛くなったり、気分が悪くなったりして、ときにはあたりちらすなどして周りの人をまきこみます。この状況が毎月、必ずあるのです。

仏教では赤い血を「穢れたもの」として排除していたために、女性たちは自分が生理中であることをできるだけほかの人にわからないようにしてきました。そのことを男性は知りませんから、「女というのはわからない」などと不平をもらしながら、家庭生活、職場生活を続けていました。

生理のことがかなりはっきりと日本の社会のなかで認識されるようになったのは、わずか数年前のことでした。中学三年生くらいの女子生徒の投書で、「貧しさのために生理用品が買えない」という女子生徒がいる事実が公表されたのです。そのような生徒のために、いまでは無料の生理用品を学校で入手できるようにする配慮がされつつあります。

生理中の女性は障碍者として扱うべし

二〇二三年、私は八十八歳の米寿を迎えました。八〇歳を過ぎると足の衰えを強く感じるようになります。ですから、電車やバスには高齢者や障碍者などのための座席が用意してあります。若いみなさんが老人などにその席を提供してくださることに、たいへん感謝することになります。しかし、この席を元気なみなさんも使用しているようにみえることがあります。

最近は、「ヘルプマーク」のタグをつけて座っておられる方もいて、そういう人はそれとわかります。しかし、それ以外にも生理中の女性が座っておられるかもしれないことに気づきました。外見では判断できないだけに、この問題を解決できたらすばらしいと思っています。

そこで一つ、大胆な提案をします。生理中の女性はすべて障碍者として扱うというルールを設定するのです。当事者は胸にヘルプマークをしっかりとつけて、自分は障碍者であると宣言してもらうのです。女性がヘルプマークをつけていれば、その障碍の多くは生理であることが推測できれば、さまざまなことが利点として浮かんできます。

その第一は、電車、地下鉄、バスなどの障碍者用座席が利用しやすくなることです。もちろん、障碍者用の座席数を増やすことは必要です。第二は、職場や家庭で周りのみなさんが配慮してくださるようになること、第三にストーカーのような恐ろしい男が寄りつかなくなるだろうということです。大多数の女性がヘルプマークをつけるようになることが、ひいては「女性革命」という大変革のはじまりを期待できるはずです。

「子孫を絶やさないで」という神さまの願い

詳細はあとに書きますが、本書の題名を『日本を女性上位の共同体に』とした要因の一つは、女性の一生に大きく覆いかぶさっている生理、妊娠、出産、そして育児の重荷を少しでも解放してあげたいからです。そのような状態におかれた女性たちが、周囲の人たちから優しく大切に扱われるような社会が実現することを、私は心から願っています。育児はもちろん、男性も担えばよいのです。

そのような女性革命が成功して女性たちが中心になる共同体が誕生すれば、男性社会が引き起こす環境破壊などの暴挙を避けようとする社会が実現するのではないかと考えるのです。「女性の重役を増やせば会社の業績が上がる」といった発想とは逆の考え方です。女性上位の共同体を出現させることは、老若男女を問わず静かな幸福を追求できる共同体を実現する、いちばんの近道だと考えているのです。

あまり広くは知られていませんが、神さまが女性に特別に配慮していることが一つあります。女性が誕生する直前の段階で、その女性の孫の卵を自らの卵巣の中に早ばやと準備しておくという仕組みです。しかも、卵子と精子とが結合して女児が誕生すると決まった瞬間に、その女児のどの部分から体が形成されるかというと、頭脳からではなく卵巣からなのです。しかも、この卵巣には自分の卵子、そしてその卵子から生まれる娘の卵子までもが準備されるというのですから、まったくの驚きです。

神さまが女性に求めているのは徹頭徹尾、「子どもを産んで子孫を絶やさないでほしい」という願いであり、その仕組みなのです。

生理は毎月、やってくると書きました。子孫を産む卵子は、一か月に一個しか誕生しないのです。

ところが男性の精子は、一回の性交で一万個もの精子が一個の卵子にむかって突進するのです。女性は一か月にたったの一個の卵子を放出するのですが、男性はいつも数万もの精子を抱えて準備しているのです。この関係が、男性と女性の性欲の深さを表現しているともいえそうです。女性は一個だけですから、じっと構えて、もっともふさわしい相手を選ぼうとするのでしょう。しかし男性は、次から次と突き上げてくる性欲に揺り動かされるのです。

森鷗外は『キタ・セクスアリス』の物語の最後に、「人（男）の生涯は、虎の背に乗って旅をするようなものだ」と書いています。「性欲の虎」を放し飼いにしていることに世間は気づいていないが、ちょっとしたはずみ、誘惑によって、男はその虎の背に乗って滅亡の谷に墜ちることになるといっているのです。

「一個対数万個」が生む男女格差と悲哀

そうはいっても、人は性欲によってのみ生きているわけではありません。ですから単純にはいえないのですが、この「一個対数万個」の関係は、男女間の関係にそうとうの影響を与えていると思います。とくに、戦争という非日常的な状況のもとでは、男たちは狂暴な本能を発揮します。

第二次大戦中の日本陸軍は朝鮮半島の女性を強制的に連行して売春を強要していたとして、いまも非難されています。事実関係に異論はありますが、おなじように戦争下で起こった悲惨な問題が二〇二三年四月のNHKのテレビで報道されました。「ベルリン市民の日記『ベルリン戦後ゼロ年』」という番組です。

日本が第二次大戦で無条件降伏したのは一九四五年八月一五日でしたが、ドイツはそれよりも早い五月七日には降伏していました。無条件降伏ですから、軍人はもちろんのこと、国民全員が両手を挙げて降伏しました。そこに勝利した連合軍が進駐してきてドイツ全土を征服・支配しました。ベルリンは首都ですから重要な都市です。では、そこでなにが起こったのか。連合国軍の軍人による大規模なレイプでした。

その占領軍は、フランス、イギリス、アメリカ、ロシアの軍人で構成されていました。連合国の各国は、それぞれの軍隊にそのようなことのないように指示していたはずです。そういうなかで、とくにロシア軍（ソ連軍）による犯罪が大量に発生したと報告されています。

ドイツの人たちは、当然のことながら両手を挙げて降参しています。連合国軍の兵隊たちは、そのドイツ人女性たちを強制的に連れ出し、レイプしたのです。ドイツ人女性の多くがレイプされたのです。しかも、その三割以上の女性たちが妊娠したことがわかっています。ベルリンの町は空襲でほとんど破壊されていましたから、病院もありません。妊娠した女性たちは、数万人の子どもを産んだのです。アーリア人の純潔を誇ってきたナチスのドイツ民族のなかに、犯罪によって生まれた大量の異民族が入り込んでしまったのです。

この子どもたちが、自分の父親捜しをはじめたらどうなるのでしょうか。たいへんな困難に直面するでしょう。家族共同体の一体性を考えると、いよいよ困ったことになります。それでも、自由民主主義思想のもとですから、解決の道が開く可能性があるかもしれないと思いなおし、この問題を考えてみることにします。

一つの手法は、宗教です。宗教で「ごまかす」などという方法ではありません。真正面から懺悔して、「赦し」を乞うのです。

7章　宗教は性と性欲をどう扱うか

人類の歴史において、性欲の問題にもっとも苦闘してきたのは宗教団体の各派でした。宗教各派の多くは、聖職者の性欲を抑圧するよう指導しています。カトリックのキリスト教、ほとんどの仏教各派、一部のプロテスタントの教会などです。

そこで、日本における主要な宗教各派の状況を調べてみると、次のようになります。

【神道と儒教】

神社神道のおおらかな性の世界

仏教やキリスト教は「邪悪なものは自分の内からも出てくる」と教えていますが、神社神道では徹頭徹尾、「邪悪なものは自分の外からやってくる」と認識しています。神道には、自らに宿る邪悪な心などを排除する定型のお祈りがないのは、それが理由です。「きよめたまえ、はらいたまえ」など、「外部の邪悪なものを排除してください」と神さまにお願いするお祈りがほとんどです。性欲も自分が欲するのではなく、外からやってくるという理解になります。

私が知っている伝統的な仏教の常識では、とくに禅宗系の仏教のお坊さんは結婚してはならなかったと思いますが、神社の神主などの神職についている人は結婚できないなどという話は聞いたことがありません。神道は性欲に関して寛大な、あるいは寛容な雰囲気をもっているといえるでしょう。

一九九二年にカリブ海の島国、ドミニカ共和国で国際比較文明学会が開かれました。コロンブスが一四九二年にこのドミニカに到着、「新大陸を発見」して五〇〇年になるということで、これを記念するお祭りに、私たちの学会が招待されたのです。

会場には、五〇〇年前の現地の人たちがどんな暮らしをしていたかを示すさまざまな展示物がありました。公開の広場で男女がセックスをしている絵もありました。いわゆるインディオの人たちには、性行為は通常の暮らしの一部であったのです。農業を基盤にする暮らしを送る日々のもとでは、すべての動植物の日常的な性行為とかかわることになります。生産物の豊穣と強くかかわるのが交尾であったり、受粉であったりするからです。アメリカ大陸の先住民たちは、「人間も同じである」と考えていたのです。

日本も似ていました。インディオの人たちほどではありませんが、日本では男女混浴はふつうでしたし、田舎では女性が着物の裾をちょっと持ち上げただけで小用をしていました。そのような日本人の性意識は、売春行為を日常生活の一部として認めてしまうような面もありました。

売春は禁止すべきだと教えてくれたのは、幕末の長崎オランダ商館に派遣されていた商館つき医師であったフィリップ・フォン・シーボルトです。鎖国中の日本ですから、出島から外に出ることは原則できませんでしたが、幕府の特別な許可が出て江戸参府が認められたことが一度だけありました。五か月をかけて出島と江戸とを往復しました。

オランダのライデン市には、江戸時代末期の日本のさまざまな暮らしの道具や工芸品、美術品などを展示した「日本博物館シーボルトハウス」があります。元はシーボルトの旧宅でした。展示品の多くは、その江戸参府の折にシーボルトが収集したものです。

その展示の一部として日本を映像で紹介している部屋がありました。日本を見聞するなかで、シーボルトが驚いた事柄がそこで語られています。日本のどの宿場町にも売春宿があり、昼間から営業していたというものです。当時のオランダのキリスト教は、性行為に関してはヨーロッパでもっとも厳しい制度を主張していたプロテスタントのカルバン派が主流でした。ですから、よけいに強い印象を受けたのでしょう。

ドミニカ同様、日本もヨーロッパの文化・文明を受け入れることで、性にまつわる文化や考え方は近代化しました。とくに第二次大戦後はアメリカの影響もあって「売春は悪いことである」、「妻を二人もってはならない」といった考え方が一般に普及しました。二人めの妻というのは、妾や側室などを指します。

日本の古い家を訪ねると、家屋内には通常、仏壇と神棚の二つがあります。仏壇には亡くなった祖先が祀られています。祖先への感謝の場です。そのほかの祝いごとや疫病退治、自然災害回避などの祈願の場面では、神棚の出番になります。家内安全、夫婦和合など、家族共同体の平和な存続のために祈る場所が神棚です。神棚が役にたつというのは、神道の出番だということです。

戦争中に外国人女性を相手にしたとか、悪いと知りながら買春をした、浮気をしたといった反省をするとき、日本人男性は神社か神棚にむかって赦しを乞うてきたものです。しかし、ほんとうに重要なのは、家族共同体を守るにはこうしたことを再犯しないことなのです。

女性を軽視する思想を支えた儒教

黄河文明を源に、「中国文明三千年」を支えてきた思想が儒教です。儒教は中国社会の土着の思想のほとんどを吸収し、それを体系化して「天」、「道」、「気」などの観念として集大成したものです。およそ二五〇〇年前に孔子がその基本体系を構築し、「国家儒教」とよばれていた時代が長く続きました。その儒教を一二世紀の宋の時代に仏教や道教の影響を受けて新しい学問体系として再構築したのが、「朱子学」です。さらに、一五世紀の明の時代には儒教の一派として「陽明学」が生まれています。孔子の教えを発展させた孟子の性善説の系譜に連なる思想です。

このように、儒教はそれぞれの時代に適応すべく変身を遂げてきたのです。そうすることで、儒教は一貫して中国文明の社会思想であり、政治理念であり続けました。

朝鮮半島においては、李朝がこの儒教を普及させ、民衆の暮らしの深くにまで根を張ることになりました。日本には仏教、道教とともに六世紀ころには伝えられました。しかし、政治思想としての儒教は学びましたが、その思想が実践されることはありませんでした。社会の総体としては、仏教倫理と道徳とが強調されたので、儒教思想の影響は小さかったといえるでしょう。

仏教の普及は聖徳太子などによる努力の功績が大きいのですが、それから六〇〇年ほどのちの鎌倉時代になると、儒教の新しい学問体系である朱子学が伝えられます。すると、これが鎌倉仏教の一派である禅宗の臨済宗の五山文化のなかで受け入れられ、室町時代には日本各地に広く普及しました。江戸幕府も朱子学を官学として採用し、各藩に学ぶよう強要したことで、儒教は一転して日本中に流布することになったのです。

しかし、儒教はどちらかというと宗教色は薄く、社会思想、倫理、道徳を説くものでした。とくに忠孝の倫理、家父長中心の道徳を強調しました。女性差別は当然で、女性は男性のための慰安婦のような存在として捉えているとも受けとれるものでした。先にも書きました「女は三界に家なし」は、儒教の世界での話です。

国家神道に組み込まれて日本に定着した儒教

明治維新以後の儒教は国家神道に組み込まれ、国家運営に重要な役割を担うことになった経緯については前に書きました。それでは、この国家神道はどのような手段で日本全土に広められたのでしょうか。「教育勅語」にのっとった学校教育の「修身」の教科目をとおして教えられ、普及したのです。

教育勅語は、道徳の基本と教育の理念を明示することを目的に文部省が作成し、一八九〇年（明治二三）一〇月三〇日に発布されています。当時の内閣法制局長官の井上毅と天皇側近の儒学者の元田永孚が原案をまとめていますが、明治天皇が国を愛することや儒教的道徳などの教えを国民に語りかけた文章です。骨子は、次のようになります。

肇国（ちょうこく）以来、つまりは建国以降の歴代天皇が形成に努めた道徳のもとで、国民が忠義・孝行の道を一致して歩んできたことを「国体ノ精華」とし、教育の根源はこの点にあるとしました。なかでも、大切な一二の徳目として父母孝行、兄弟・姉妹の連携、夫婦相和、朋友相信、恭倹（謙遜）、博愛、就学就業、知能啓発、徳器成就、公益世務、遵法、義勇を挙げ、皇室を支援すべきとしています。

教育勅語は全文わずか三一五文字ですから、子どもたちはこれを暗唱しました。しかも天皇の勅語ですから、誰も批判・非難することはできません。義務教育の小学校で教えられたこともあって、教育勅語はほぼすべての国民が信じる宗教の一つになったのです。天皇制国家神道として軍国主義を強化する宗教になり、国民をそこに封じ込めることになったといえます。

ハワイの真珠湾を訪ねたときに、展示されている旧日本海軍の「人間魚雷」を見ました。狭い魚雷に若者が一人で乗り込み、暗い海底で敵艦に突撃するなどという恐ろしい作戦を、日本海軍の上層部はよくも考えたものです。それでも、その命令に従わざるをえなかった若者たちは、教育勅語の道徳に従っていたのです。上官の命令は天皇の命令であったからです。

教育勅語を現在の教科目である「道徳」に含めようと主張する人たちがいます。親や上司の教えや指導に忠実であれ、という教えの道徳教育は必要だという主張です。自由民主主義の社会ですから、そのような主張をすることは可能ではあるでしょう。教育勅語に近い思想にもとづく家族共同体も考えられるということです。

【仏教】

無形の悟りを追いかける仏教の柔軟な性の世界

奈良時代以降の日本では仏教がさまざまに活躍し、人の心を支えてきました。仏教のそれぞれの宗派が、「これこそが仏教の教えだ」などと、各宗派の主張を説いてきました。そこでまず、そのような派閥の主張は避けて、仏教についての基本的な知識・概要を最初に整理しておきます。

紀元前五〇〇年ころにインドで誕生した仏教は、二つに分裂してアジア各地に拡がりました。スリランカなどの南方に伝わった仏教と、中国などの北方に伝わった仏教の流れです。日本に伝えられたのは中国を通じて伝来した「大乗仏教」。スリランカやタイ、ミャンマー、ラオス、カンボジアに広まった仏教は「上座部仏教」、もしくは「テーラワーダ仏教」として分類されます。

「上座部仏教」が保守的であったのにたいして、北方系の大乗仏教は革新的な性格を備えていました。伝統的なそれぞれの信仰を、新しい時代と場所に適応するよう改革することが可能だったのです。そのような性格であったことから、日本に伝えられた仏教は、奈良・平安仏教にくらべて革新的な鎌倉仏教を生みだすことにもなったのです。

キリスト教やイスラーム教には、絶対的な存在である神さまがいます。キリスト教には『旧約聖書』と『新約聖書』とがあり、『旧約聖書』はまず人びとに神さまの教えを説きます。これにたいして『新約聖書』には、『旧約聖書』に書かれている教えを「神の子イエス」が修正し、そのうえで神の子イエスがそれを実行したとの記述があります。そのようにキリスト教には絶対的な神さまが存在しますから、その神さまの教えをキリスト教は主張します。

しかし、仏教にはそのような神さまはいません。中心的な存在はゴータマ・シッダールで、日本では「お釈迦さま」とよばれています。しかし、釈迦には聖書のようなものは与えられていません。すべてを自分流に開発することになります。そうはいっても、「インド文明は精神文明である」といわれるように、釈迦以前にも多様な宗教が語られていました。ですから、お釈迦さまはそういう宗教に学びつつ、釈迦流の悟りを獲得することになったのです。

釈迦は、インド北部のネパールに近い小さな王国の長男として生まれました。裕福な暮らしで、慣例によって一六歳で結婚してふつうに男の子も生まれました。ふつうの人なら、ハッピー・ハッピーの人生になるはずでした。ところが、釈迦はほかの人たちの生涯を観察し、自身の生涯を考えると、「人生とは苦しみである」と気づくのです。この苦しみから解放されるにはどうすればよいのか、釈迦はこのことを深く考えるようになりました。

釈迦は、二八歳のときにお城を抜け出して出家しました。インドには古くから出家という制度・慣習があり、日常生活から離れて自分が選んだ宗教グループとともに修行することで悟りを会得したのです。釈迦も、そのようにして一人のリーダーのもとに入門して修行に励んでいたのですが、どうしても納得できないことがあったのです。そこで、独立した「釈迦グループ」を結成することにし、この集団が仏教として成長したのです。

釈迦はさまざまな苦行に挑戦しています。死ぬほどに痩細ったり、じっさいに倒れたりもしました。それでも良い弟子に恵まれたことなどもあって、当時としては驚異的な八〇歳という長寿をまっとうしています。

では、釈迦の悟りとはどのようなものであったのでしょうか。釈迦が理解したのは、苦しみとは本人の心の持ち方の問題であるということでした。したがって、現実をあるがままに受け入れられるように修行することが重要だと悟りました。そこで、「瞑想術」を開発し、弟子たちに伝授したのです。釈迦自身は、この瞑想によって涅槃の境地に達したといいます。仏陀は「悟りを開いた人」という意味で、これが釈迦を仏陀ともよぶようになった由来です。

次に仏教に関するもろもろの事柄について書くことにします。

○経

「経」は、「和尚さんにお経をあげてもらう」といった表現に使われる仏教の聖典のことです。キリスト教には聖書がありますが、仏教では経が聖典です。今日、日本で一般に知られている経典は、『般若経』と『法華経』くらいでしょうか。その経がインドで最初に書かれたのは、釈迦が亡くなって一〇〇年ほどたってからだといわれています。それまでは弟子から弟子への口伝だったのです。しかし、経をつくるようになると、各派がそれぞれに経をつくりましたから、残された経の数は数え方によっては二〇〇〇巻を超えます。

インドの仏教経典のほとんどは、古代の書き言葉であるサンスクリット語で書かれていました。しかし、日本に伝わったのは大乗仏教の経典で、しかもサンスクリット語を中国語に翻訳した漢字のままでしたから、一般の日本人には教典が説いている意味はわかりません。

私たちが名前だけでもよく知っている経典に『般若心経』があります。サンスクリット語で書かれた膨大な般若経典の真髄を中国の三蔵法師がインドから持ち帰り、それを簡潔にまとめた経です。

「一切皆空」の真理を説いている経典として解説されています。なかでも、「色即是空、空即是色」はよく知られた一句です。色即是空というのは、「自分がもっているると思っているもの、すなわち物質のすべてが、じつは実体のないものだ。そんなものの所有にこだわるから苦が生まれるのだ」と説いているのです。

『法華経』は、インドで仏教界が分裂し、大乗仏教が誕生したころに成立した経典です。日本には、最澄（伝教大師）が八〇四年に唐に留学して持ち帰っています。いわば平安仏教の基本になった経典ですが、じつは女性が仏教によって救われるようになったのは、この経典のおかげでした。不浄な女性でも「変成男子（へんじょうなんし）」の制度によって、すなわちいったん男性に変身することで女性も出家が可能になり、救済されると説いた経典が『法華経』だったからです。

最澄、空海（弘法大師）に代表される平安仏教は、貴族などの富裕層を対象とする密教的なものでした。そういう平安仏教を否定したのが鎌倉仏教でした。その鎌倉仏教の中心的な人物の一人である日蓮宗（法華宗）宗祖の日蓮は、比叡山で最澄から学んだこの『法華経』を最後まで守りとおした人です。しかし、「立正安国論」で蒙古の襲来と内乱により日本は滅びると予言したほか、他宗派を非難・攻撃するなどの行動が過ぎることから佐渡に流されたほどの人物でもあります。

○仏教の主張

キリスト教の主張を端的に要約すると、「神は愛である」ということだといえます。では、仏教はどうでしょうか。たぶん、そのような要約は不可能でしょう。仏教は二分されているからです。いわゆる「自力本願」と「他力本願」の二つの異なる大きな主張があるからです。自力本願は主に禅宗の主張で、栄西による臨済宗、道元による曹洞宗、隠元による黄檗宗です。他力本願の代表は浄土教で、法然の浄土宗そしてその弟子の親鸞による浄土真宗などを含みます。

そこで、ネットで検索すると、次のような「仏教の主張」が書かれていました。「すべての存在は無常（時間）であるが、縁起（空間）によってつながり、それが無我を導き空（くう）の思想を完成させて平安が実現し、解脱（げだつ）が達成されて涅槃の理想が実現する」というものです。かなり難解なことが書かれていますので、たぶん禅宗に深くかかわるどなたかが書かれたものでしょう。このようにむずかしい禅宗は西欧のキリスト教の哲学者の関心を集めることになり、欧米の一般の人たちも禅宗に深い興味を示すようになりました。

この一文のなかに、「……涅槃の理想が実現する」と書かれていますが、大乗仏教の経には涅槃のことは書かれていません。涅槃というのは、人として現れた仏の肉体の死をさすこともありますが、すべての「生老病死（しょうろうびょうし）」の輪廻から解放されて静寂、自由、最高の幸福の状態にあることです。しかし、人は死から解放されることはないので、大乗仏教では涅槃は否定されたのでしょう。日本の主要な寺院には涅槃像も涅槃画もありません。

日本における仏教徒数で最大派閥は浄土真宗だそうです。比叡山で法然から浄土宗を学んだ親鸞は、それを進化させて浄土真宗を開きました。親鸞の死後、弟子によって書かれた『歎異抄』はいまもよく読まれています。親鸞の言葉とされている第三章の「善人なおもて往生をとぐ、いわんや悪人をや」は、よく知られている「悪人正機説」です。

ただし、ここで注意したいのは、私たちはこの表現を勝手に解釈しているのではないかという点です。「善人が往生できるのは当然だが、悪人も同様に往生できる」と誤って理解しているのではないかという指摘です。親鸞が語っているのは、「人間に善人などはいない。戒律（規則）を守り、しっかりと修行すれば善人になれる、などと主張する者は偽善者であって、極楽浄土に往生できるのは自力によってではなく、ただただ阿弥陀仏による一方的な恵みによるのだ」という他力本願の主張です。

私の妻の実家は島根県ですが、そこに暮らしていた義父の葬式に出席したときに聞いた和尚さんの説教には驚きました。プロテスタントのキリスト教会での牧師の説教と、ずいぶん似ていたからです。聞くところによると、島根県の仏教徒のほとんどが浄土真宗の信者とのことでした。カトリックのキリスト教会やギリシャ正教会には修道院があり、厳しい修行が課されますが、プロテスタントの教会には修道院はなく、したがって修行することはありません。そういうプロテスタントの教会と浄土真宗とには、たいへんよく似たところがあるのです。

『新約聖書』を開きますと、はじめに四人の記者が書いた「イエス伝」が四つあり、次にイエスの死後に成立した初代のキリスト教会に関するもろもろの書簡などが掲載されています。

その多くを書いているのがパウロです。このパウロは、やはり親鸞とよく似た経験と理論を書き残しています。パウロはユダヤ教のもとで厳しい規則を守り修行を続けてきたのですが、その先に救いがないことに絶望していました。ところが十字架にかけられたイエスのことを聞いて、「イエスこそが救い主だ」と悟ります。規則を守るとか修行を続けるとかの行為によるのではなく、「神を信じる信仰のみが、人びとを救いに導く」ことを理解するのです。これ以後のパウロは、古代ローマ世界でキリスト教の布教を続けたのです。親鸞とパウロは、たいへんよく似た宗教的立役者であったのです。

○仏像

ＪＲ京都駅を北側の中央口から出て北向きに歩きだすと、左手に大きな寺院が見えてきます。これが東本願寺で、真宗大谷派の本山です。奈良の寺院を訪ねると、たいていの寺院には仏像がありますが、東本願寺に仏像はありません。東本願寺の手前の七条通を西にむかって進むと、また大きな寺院が見えてきます。西本願寺です。浄土真宗本願寺派の本山ですが、この寺にも仏像はありません。浄土真宗の寺に仏像はないのですから、その檀家の仏壇にも仏像はありません。

先にも書きましたが、仏教でも「像」をつくることはもともと禁止されていました。偶像の禁止です。しかし、大乗仏教を主張するグループは、ギリシャから伝わってきた彫刻の技術を応用して仏像をつくりはじめました。改革派であった大乗仏教は、仏の教えを民衆に伝えるには具体的な礼拝対象をつくったほうがよいという積極策に転じたのでしょう。

この考え方が支配的になり長く続きましたので、仏教各派はさまざまな仏像をつくりました。そうして誕生したたくさんの像に与えられている名前の意味を、ここで整理しておきます。

如来(にょらい)――釈迦の異名で「修行完成者」のこと。

菩薩(ぼさつ)――釈迦の修行中の姿で「悟りを求める人」の意味。

阿弥陀仏――大乗仏教で中心になる仏像。

弥勒菩薩――遠い未来に下界にくだり、大衆を救うとされる菩薩。

観世音（観音）菩薩――大乗仏教の代表的な菩薩で、仲間との友情と悩める者への同情を実現する菩薩。

千手観音、十一面観音、薬師観音――ヒンズー教の影響を受けて成立した菩薩。

○空海

比叡山で天台宗を開いた最澄と比較されることの多い空海は、高野山で真言宗の開祖になったと説明されています。空海はほかの僧侶と比較して少々異なった存在であったといえます。京都には空海が建てたと伝えられる東寺、東寺の塔、真言宗の世界観を表現する曼荼羅などが現在も残っています。空海は仏教の僧侶ですが、そのような仏教の仕事をしただけでなく、儒教・道教・真言宗の比較論文を残したほか、文学論、真言芸術論、中国医学、中国科学、農地改革、ため池の設計等々の多岐にわたる分野で、持ち帰った先進の中国文明を平安時代初期の日本に広めています。日本各地に三〇〇〇以上もの空海伝説が残されているとのことです。

〇在家と出家、戒名（法名）

たいていの仏教信者は在家信者ですが、僧侶などの出家信者もいます。両者ともに仏教信者ですが、その違いは日常の暮らしにおいてどのような戒律の守護が求められるかによります。在家信者は次のような五戒を守って暮らすことになります。

一、生き物を殺してはならない。（ベジタリアンであること）
二、盗んではならない。
三、夫婦以外との性交をしてはならない。
四、嘘をついてはならない。
五、酒を飲んではならない。

出家信者である僧侶は、以上の五戒にさらに五戒を加え、そのうえ具足戒も追加して合計一一戒を守りながら修行に励まなくてはなりません。昔の僧侶はこれらの戒律を守りながら、さらに厳しい修行を続けたのでしょう。しかし、現在の在家信者の多くは、「酒を飲んではならない」という戒律すら守っていないように見受けられます。逆に、仏教の強い影響を受けて成立したイスラーム教のほうが、性的問題もふくめて、いまも原初の仏教の戒律を守っているといえます。

次は「戒名」です。教派によっては「法名」とよんだりするようですが、仏教徒はこの戒名がないと仏さまがおられる西方浄土（極楽浄土）に行けないことになっているそうです。ですから、死んだ時点で出家して「戒名をもらうシステム」をつくったのでしょう。戒名がないと「三途の川」が渡れず、「成仏できない」からです。しかし、この戒名を得るにはお金を払わなくてはならないのが難儀です。

お釈迦さまが出家する行為をはじめる前から、インドには「出家する」文化がもともとあったことは前に書きました。民族を問わずどの国にも、「人生とはなにか」、「生きる意味とはなにか」などの哲学的な問題に直面して悩む若者はいるものです。そんな問題に直面した若者が、出家してこの重要な問題に取り組むのは大切なことです。仏教では、この重要な出家の思想が伝統的に続いてきたのです。ラオス、カンボジアなどのテーラワーダ仏教は、いまもその伝統をきちんと伝えています。日本に伝来したのが大乗仏教であったという幸運な点はあったでしょうが、この戒名のシステムによって、一般の仏教信者もともかく西方浄土に行けることになりました。戒名さえもらえば西方浄土に行けるのですから、ありがたいことです。

仏教徒だからといって必ずしもベジタリアンにならなくてもよいとか、お酒も少々ならよろしいといった妥協が成立したら、仏教徒の家族も家族共同体をつくることができます。戒律にたいして緩い感覚をもっている日本人ですから、仏教徒の日本人も努力しだいで楽しい家族共同体が築けるのだと思います。

［イスラーム教］

日本も無縁でなくなったイスラーム教

私たちは「イスラム教」という言い方をしていますが、旅行や出張で海外に出たときには「イスラーム」と発音したほうが通じやすいとのことです。イスラーム教の聖典を『コーラン』とよぶのも日本では一般的ですが、これも『クルアーン』のほうが適切な発音に近いとのことです。

イスラーム教徒のことを「ムスリム」とよびますが、日本ではムスリムの人たちとの接触が少ないこともあって、多くの日本人はイスラーム教にあまり関心を寄せてきませんでした。古くから多少なりとも関心があったのは、イスラーム教を国教とするアラブ諸国から大量の石油を買わなくてはならなかった人たちでした。エネルギー問題は、日本の国と人の暮らしを支えるうえで重要な課題であったからです。

ところが最近の日本は、人手不足からインドネシアやマレーシア、バングラデシュなどのイスラーム諸国から労働者を受け入れることが多くなりました。街なかでもスカーフで頭をおおったムスリムらしき女性たちを見かけることが多くなりました。私たちが老人ホームに入ることになれば、そういう彼女たちのお世話になるかもしれません。あるいは、海外旅行でイスラーム諸国を訪ねることもあるでしょう。そこで、イスラーム教と性についての基本的な知識を書いておくことにします。

イスラーム法にのっとる暮らしと性差別

「イスラーム」という名前は、「神の意思や命令に絶対服従すること」というのがもともとの意味だそうです。しかし、現在においては、「唯一神アッラーに絶対的に服従する方法を制度化した文化的・社会的複合体をあらわすことば」であるということです。

すると、ここで問題になるのは「絶対的に服従する方法」とはなにかです。それは「シャリーヤ」とよばれるイスラーム法に従うことです。シャリーヤはムスリムを天国に導くために設けられた法律で、ムスリムの日常生活はこの法律に従って生きることになります。シャリーヤは法律ですから、民法の結婚、離婚、相続など市民の日常の暮らしの基本についても規定しているのですが、行政のあり方などについても書かれています。

ところが、このシャリーヤは国によって、あるいは所属するイスラームの派閥によってさまざまに異なるのです。ですから、アラビアなどの中近東の地域でのシャリーヤは一般的には保守的で、日本人から見ると厳しく感じる法律です。

しかし、東南アジアのイスラーム国家においてのシャリーヤは世俗法に近く感じます。たとえば、姦通したと認定されると、サウジアラビアでは公開での鞭打ちの刑ですが、アジア諸国では禁固三か月といったところです。身分制も残っていて、異なる身分の男女が結婚しようとすると、これも姦淫とみなされてしまいます。

西欧にはじまる近代国家は、法体系がはっきりしています。まずは憲法、これにもとづく民法、刑法、行政法など、いくつかの法律があります。ところが、イスラーム法では法源があいまいで、イスラーム法学者の主張しだいで多様なものが法律になります。『クルアーン』が憲法だと主張する法学者もいますが、実際に適応されているわけではないようです。

女子学生がスカーフの着用のしかたに関連して殺害されたイランでの事件が報道されていますが、このケースでも最高法学者の主張が適用されています。とはいえ、イスラーム諸国においても近代国家をめざす動きは着実にあります。したがって、将来的には世俗法がイスラーム法を追い越すことになるでしょう。

イスラーム教は七世紀初めにムハンマドによって創設された宗教ですが、ムハンマドが目的としたのはユダヤ教の預言者アブラハムの一神教を復興し、完成させることでした。『クルアーン』はそのムハンマドが受けたアッラーの啓示を集めた書とされ、『旧約聖書』、『新約聖書』に続く聖典として位置づけられています。

そういう背景がありますから、ムスリムは原則としてムスリムどうしで結婚しなくてはならないのですが、ユダヤ教徒とキリスト教徒との結婚は許されるとシャリーヤは記しているのです。とはいえ、これは男性のムスリムの場合で、女性のムスリムは男性のユダヤ教徒やキリスト教徒との結婚は許されていません。

国境を超えて手をつなぐイスラーム共同体も女性を抑圧

イスラーム教にはいくつもの派閥があると書きましたが、最大勢力の派閥は「スンナ派」（スンニ派）で、世界のムスリムの九〇パーセントはスンナ派に属しているとのことです。「シーア派」に属するのはイランを中心とするグループです。すると、それぞれのシャリーヤは異なることになります。たとえば、スンナ派は結婚を終生続けるものとしていますが、シーア派では期限つきの結婚が許されているとのことです。

しかも、この二つの派閥内にはさらに多くの派閥があるのです。つまりは、それぞれのシャリーヤのもとで、ムスリムの人たちはイスラーム教が求めるふさわしい生涯を生きることになります。改善されつつあるとはいえ、共通するのは女性が抑圧されているという点です。

そういう結果として、イスラーム教の国でも多様な社会が構築されていることになります。たとえばインドネシアでは、教育制度にしても二つあります。一つは日本などと同じ公立学校制度ですが、もう一つはイスラーム学校です。イスラーム教の専門家を養成する目的もありますが、貧しくて学校に行けない子どもたちに教育を与える目的を同時に実行している学校です。

独自路線を歩むトルコとイスラーム共同体「ウンマ」

イスラーム諸国のなかでもっとも近代化と民主化が進んでいるのはトルコです。オスマン帝国時代にドイツと同盟を組み、第一次世界大戦で敗退したトルコの王はイタリアに亡命しました。この敗戦国を救ったのはアタチュルク将軍でした。アタチュルク将軍は、なぜトルコが敗退したのかを考えた結果、原因はイスラーム教とアラビア文化にあるとの結論に達したのです。

そこでアタチュルク将軍は、政教分離を実施して国教のイスラーム教を政治と切り離したのです。次に実施したのは文字の改革で、アラビア文字を廃止してローマ字にしました。近代化とは西欧化を意味しますが、近代化のために西欧と同じ文字にして、あらゆる西欧文化を取り入れようとしたのです。

アタチュルクは将軍ですから、軍隊を中心にそのような改革を実施しました。ですから、今日でもトルコで近代化を推進する勢力の中心は軍隊です。インテリ層もその支持者ですが、一般庶民と貧しい人たちはイスラームの教えを支持する勢力に加担していますから、選挙をするとイスラーム系の政党が勝利することになります。

その理由は、イスラーム教の最大の特徴である強い共同体意識にあります。そのような共同体や民族、国民などを意味するのが、アラビア語の「ウンマ」です。創設者のムハンマドがつくったイスラームの共同体です。イスラーム国家とほぼ同義です。『クルアーン』には、「おまえたちはただ一つの集団で、わしがおまえらの主である」とも書かれています。

単一の普遍国家として出発したウンマですが、やがて政治的に分裂していくつもの国民国家に分かれるなどします。そうして分かれたものの、強いイスラームの信仰を通じていまも連帯はしています。世界のイスラーム教徒が国を超えてつくる一つの大きな共同体です。身近なことでは、断食期間終了のさいなどには、豊かな人が貧しい人に食事を提供するなどの共同体としても機能しています。仏教と同じ喜捨の精神です。

トルコは、じつは親日的な国です。その発端は、オスマン帝国の海軍が親善外交として一八九〇年に日本を訪れての帰路、紀伊半島南端の和歌山県潮岬沖の紀伊大島の岸壁に座礁して、地元の人たちに助けてもらったことでした。

しかも、トルコはクリミア半島をめぐって何度かロシアと戦争しましたが、単独ではいつも敗戦していました。ところが一八五四年のクリミア戦争では、イギリスとフランスの応援を得て初めてロシアに勝利しました。いっぽう、日本は一九〇四年の日露戦争を戦い、単独で勝利しました。こんなことからも、トルコの人たちは日本に好意的になるようです。トルコの首都アンカラの博物館を訪ねると、明治天皇、昭和天皇の大きな肖像写真などが展示されています。

では、イスラーム教にもとづく家族共同体は、今後どのようなものになるのでしょうか。答えはこうです。もしも女性が従順にシャリーヤに従う覚悟があるようでしたら継続は可能でしょう。しかし、現代の日本人女性などには大きな困難が多いだろうと想像されます。

［キリスト教］

「バビロン捕囚」を契機にゾロアスター教に学ぶ

キリスト教がユダヤ教から生まれたことはよく知られています。すると、ユダヤ教はどのようにして生まれたのだろうかという疑問が湧いてきます。神道は日本独自の宗教ですから、ユダヤ教も同じようにユダヤ民族独自の宗教であったであろうと想像できます。ところが、ユダヤ民族独自の宗教である部分はたしかにありますが、古代ペルシャのゾロアスター教からも多くを学んでいます。

ゾロアスター教は紀元前六世紀ころに東北イラン、当時のペルシャで誕生した古い宗教です。ユダヤ王国が新バビロニア王国に滅ぼされて多くのユダヤ人がバビロンに捕囚されたとき、ペルシャ王のキュロスがバビロンを滅ぼしてユダヤ人を解放するという出来事がありました。このときにユダヤ人たちはペルシャのゾロアスター教から多くのことを学ぶことになったのです。

では、ユダヤ人がペルシャのゾロアスター教から学んだものはなにか。まず、「二元論」です。すべての世界は、白―黒、天―地のように相反する二つの要素から成りたっているとする論理です。その教義も二元論的で、善なる最高神と悪の最高神とが並立するなかで、人は善思・善言・善行の三つの徳の実践を説くものでした。

三世紀初頭に成立したササーン朝ペルシャではゾロアスター教は国教とされていましたが、原ゾロアスター教がどのようなものだったのか、聖典『アヴェスター』が難解なことから正確にはわかっていません。それでもユダヤ人のあいだでは、この二元論から天国と地獄という思想が生まれたのです。さらに、これに救世主の思想も加味されて、「人生の最後には救世主によって永遠の生命を受けることができる」という思想が確立し、ひいてはこれがキリスト教に大きな影響を与えました。

『旧約聖書』と『新約聖書』で異なる教え

いずれにしても、キリスト教に関するもっとも重要で基礎的な知識は、『旧約聖書』と『新約聖書』の二つの聖典の上にキリスト教が成立していることです。『新約聖書』は、『旧約聖書』の続きとして書かれていますから、この二つの聖典が並存していても不自然ではありません。しかし、この二つを並べて比較してみますと、驚くことが多々あります。

『旧約聖書』では、ダビデ王の物語である「歴代誌 上」一四章―一六章に「ダビデは神が彼に命じたとおりに……ペリシテ人の陣営を打ち滅ぼした」などと書かれています。「敵を追い払い、そこに自分たちの土地を獲得せよ」などという記述もあちこちにあります。ところが、『新約聖書』になりますと、「敵をも愛しなさい」（「マタイによる福音書」五章四四節）と書かれているのです。

キリスト教を学ぶというと、通常は『新約聖書』に書かれていることを中心に理解します。ですから、明治時代の初代日本人プロテスタントであった内村鑑三にしても、「キリスト教国はなにゆえ、たくさんの戦争をしてきたのか」と疑問を呈します。

答えは次のようになります。アメリカを含むいわゆるキリスト教国は、戦争をするさいは『旧約聖書』をその信仰の基盤にして戦ってきたからです。『旧約聖書』はもともとユダヤ教の聖典ですから、その本質はユダヤ民族を守り、発展させるものです。ですから神さまはユダヤ民族を応援し、敵を攻撃し、勝利に導きます。キリスト教国は、このユダヤ教の原理をいわば応用して、自国の利益を追求してきたのです。

二〇〇一年九月一一日のイスラーム過激派によるアメリカでの同時多発テロの場合も、復讐の呪いを「ゴッド・ブレス・アメリカ」という表現で宣伝し、アメリカ中がこの表現一色に染まりました。そして二〇〇三年には、イラク戦争をはじめました。そんなアメリカにも『新約聖書』的な平和を主張する人は存在しましたが、そういう人たちは無視されただけでなく、国賊だとして迫害されることもありました。

ローマン・カトリック、プロテスタント、東方正教会という派閥

仏教と同じように、キリスト教にもさまざまな派閥があります。大きくグループ分けをすると三つになります。ロシア正教会などの東方正教会、ローマン・カトリック教会、プロテスタント諸教会の三つです。キリスト教は、古代ローマ時代にローマ帝国の国教になると、ほかの宗教を排除しつつ

帝国内に普及しました。やがて三九五年にローマ帝国が東西に分裂するとキリスト教会も東西に分裂し、西のキリスト教会はローマン・カトリック教会になり、東の教会はギリシャ正教会になりました。

ギリシャ正教はその後東ヨーロッパに拡がり、カトリック教会は西ヨーロッパに拡がりました。分裂後の西のローマ帝国は四七六年に消滅しましたが、東のローマ帝国はビザンチン帝国として一四五三年まで続きました。このビザンチン帝国は中世を通じて高度な文化を維持し、それを周辺の諸国に発信し続けました。世界史のなかで重要な働きをしたのです。

ギリシャ文明を伝え拡散させた東ローマ帝国の功績

そもそも東ローマ帝国とはなんであったのかと問われると、古代ギリシャ文明の継承者であったといえます。ギリシャはローマに滅ぼされ、政治的にはローマ帝国の支配下におかれた時期もありましたが、もともと優れた文化を生み出し、維持してきた国です。東地中海地方ではローマ帝国のもとにあっても、ローマ帝国の共通語であったラテン語が使われることはなく、ギリシャ語が一般に通用していました。『新約聖書』がギリシャ語で書かれたのは、そういう背景があったからでした。その結果、東ローマ帝国の共通語はギリシャ語となり、ギリシャ文明を伝える最高の媒介者となったのです。

七世紀に勃興してきたイスラーム教は、このギリシャ文明から多くを学び、イスラーム文明を発展させました。ローマもギリシャから学んだはずですが、数学や化学は学ばなかったのです。これにたいして、いまのアラブ諸国を中心とするイスラーム教の国ぐにはギリシャ文明から数学、化学、医学も学び、それらを高度に発展させて、その文明を次の時代には西ヨーロッパに伝えたのです。数学のゼロを発見し、アラビア語に由来する化学用語は現在も使われています。アルを接頭語にする化学用語は、アラビア語からの借用です。アルコール、アルカリなどがそうです。錬金術のアルケミーも、そこから派生したケミストリーも同じです。

言語文化でも大きな貢献をしています。東ローマ帝国のビザンチン文明のキリスト教はギリシャ正教でしたから、ギリシャ語を応用して誕生したキリル文字はロシアに伝えられ、ロシア正教会の成立とロシア文明の発展につながりました。日本は隣国の中国文明から高度な文化を学んで日本文明を発展させましたが、ロシアも同様にビザンチン文明という優れた文明から多くを学び、文明発展に成功してきたのです。

古代ローマから続くローマン・カトリック教会とラテン語

西ローマ帝国は消滅しましたが、国教であったキリスト教はローマン・カトリック教会として生き残りました。カトリック教会は、カトリックの総本山のヴァチカンやイタリアと協力するかたちで現代にまで続いています。古代ローマから現代まで、これほど一貫して続いている文化・文明がほかにあるでしょうか。驚くほかありません。

カトリック教会が世界史に及ぼした影響・貢献は、ほかにも重要なものがあります。その第一はラテン語です。ローマ帝国の共通言語はラテン語でしたから、この帝国の国教になったキリスト教会の言語もラテン語でした。

ヨーロッパ各国にはそれぞれに民族語がありましたが、ラテン語ほど洗練された言語はありませんでした。したがってラテン語はヨーロッパの教会の共通言語になり、「神の言語」と認められることになりました。

ローマ帝国は消滅しましたが、帝国内の人たちが信仰していたキリスト教は消滅することなく信仰され続けました。ローマン・カトリック教会も組織として消滅することもなく、西ヨーロッパの文明発展に貢献しました。とくに重要であったのが修道院です。西ヨーロッパにおける文化活動は、すべて修道院で行なわれていたといえます。医療、介護、科学、音楽、美術なども修道院で発展しました。科学は例外的に修道院の内部で対立を起こすことがありましたが、全体を眺めればやはり文化を発展させる大きな働きをしていました。

そういう活動を支えたのが、先に書きましたラテン語の強力な力でした。西ヨーロッパにおける文化活動は修道院で行なわれていましたが、そのすべてがラテン語を用いての活動でした。つまり、イタリアの科学者も、フランスの科学者、イギリスの科学者も、ともに他国の科学者の業績に学べたことが発展の原動力となり、そのうえで自分の研究を続けることができたのです。このことが西ヨーロッパで科学が発展した主要な要因の一つになりました。

そうはいっても、イタリア人のガリレオ・ガリレイの地動説にもとづく研究は教会から禁止され、イタリアでは発表できませんでした。プロテスタント教会が支配的なオランダで出版するしかなかったのです。それでも、ガリレオの天体観測にもとづくこの研究成果は、ほかの国の科学者もただちに読むことができました。やはりラテン語で書かれていたからです。現代の英語と同じです。本書も、もし英文で出版できたら世界の人に読んでもらえるのですが、残念ながら日本語を読める人だけに読んでもらうことになります。

聖歌を伝える目的で生まれた五線譜

カトリック教会は毎週日曜日にミサを行なっていますが、ある聖堂が「この聖歌を歌う」と決めたら、「ほかの聖堂でも同じ聖歌を歌うべきだ」というのがカトリック教会の原則です。ところが、歌詞は同じにできても、曲を同じにするにはどうしたらよいのかという問題があります。

レコードや録音テープなどがない時代に曲を再現するには、正確な記憶力か楽譜が必要です。しかし、かつては音程や音の長さを楽譜に落とす技術はありませんでした。ユダヤ教から借用した伝統的な楽譜を利用しながら修道院で楽譜づくりの研究がはじまり、これを引き継いだプロテスタント教会が今日普及している五線譜をようやく誕生させました。すでに一八世紀になっていました。この立役者が、ドイツ人のヨハン・セバスティアン・バッハです。

バッハはプロテスタント教会のオルガン奏者でしたが、教会を訪れる信者に音楽によって深い信仰心を育てようと数々の讃美歌を作曲しました。カトリックでは定められた聖歌しか歌うことができませんでしたが、プロテスタント教会では自分の教会で歌いたい讃美歌を歌えばよかったので、バッハは多くの讃美歌をつくることができたのです。

バッハは、誰もが歌えるやさしい讃美歌の音楽性を豊かにする工夫を加えました。一七世紀前半からカトリック教会で歌われていたバロック音楽を代表する楽曲形式、オラトリオ（聖譚曲）を凌駕する『ブランデンブルク協奏曲』や『マタイ受難曲』を作曲するなど、バロック音楽の統合者になったのです。西ヨーロッパの音楽史の父となりました。バッハの音楽に学んだヘンデル、ハイドン、モーツアルト、ベートーベンなどの優れた作曲家が続くことにもなりました。

ついでに記しておきますと、明治維新後の日本の音楽教育は、もっぱら西ヨーロッパの音楽から学んだものでした。私たちが知っている「小学校唱歌」の多くは、プロテスタント教会の讃美歌を応用して作曲されたものでした。誰もが歌えるやさしい曲であったからです。

聖歌の位置づけと演出がみせる宗派の位相と課題

毎週行なわれるプロテスタント教会の礼拝は、牧師による説教が中心です。ところが、ビザンチンで発展した正教会、ロシア正教会などは、説教はわずかであとは聖書の朗誦、合唱の連続です。あたかもオペラを鑑賞している感じです。正教会の最大の特徴は、男性だけの聖職者の全員が美声の持ち主で、声の悪い人は初めから採用されないという点です。

復活祭やクリスマスのさいなどのミサでは、そのような美声の聖職者が集合し、まずは一階で朗誦と合唱を展開します。男性合唱団による音楽会といった面持ちです。次に、二階正面の男女混成の聖歌隊が応答します。つづいて二階の左右両側が一緒に、あるいは別々にこの合奏に加わってきます。「イエス・キリスト物語」のオペラです。

じつは、プロテスタント教会の礼拝は長くても一時間くらいですが、正教会のミサは三時間以上も続きます。それでも聖堂内に椅子はありません。信者は三時間以上も立ち続けでミサに参列します。ロシア人が辛抱強い理由がわかります。ただし、日本の正教会がミサを同じように守っているかどうかは知りません。教会によってさまざまかもしれません。

カトリック教会は、この正教会と大きな違いはないでしょう。違うのは聖職者の歌声で、これは正教会の一方的な勝利です。もう一つ、聖堂内の装飾はかなり違います。正教会の内部は「イコン」とよばれるたくさんの聖画で覆われていますが、カトリック教会に聖画は多くありません。そのかわり、金や銀で装飾された多彩な彫刻、大理石による彫刻、それにステンドグラスで飾られた大きな丸窓などがあります。

プロテスタント教会は、正教会やカトリック教会とはかなり異なります。プロテスタント教会は、だいたいが小さめの規模で、一見したところ貧相です。内部の装飾にしても、ほとんどなにもない教会が多数派です。毎週の日曜日の集会にしても、その名称も雰囲気も違います。正教会とカトリック教会は「ミサ」とよび、「宗教的」な雰囲気を感じさせます。たいするプロテスタント教会は「礼拝」とよび、その雰囲気は神学校のようです。

讃美歌にしても、プロテスタント教会での礼拝のさいに歌う讃美歌はオルガンにリードされますが、カトリック教会の多くではパイプオルガンが用いられています。正教会では原則、いっさいの楽器を使用しません。

プロテスタント教会の特徴は、「イエス・キリストは救い主である」という一点だけが共通で、あとはバラバラです。安倍晋三元首相が暗殺されたことで再度浮上してきた統一教会も、プロテスタント教会系のカルト教団です。ですから、プロテスタント教会は玉石混交であることが特徴ということになります。

「処女生誕説」をこのまま信仰してよいものか

では、「玉」と自認している通常のプロテスタント教会に問題はないのか。いうまでもなく「あり」です。一つの例をあげると、クリスマス行事への招待です。

一二月に入りクリスマスが近づいてきますと、教会は近隣の人たちにクリスマス行事に招待するビラを配ります。「教会のクリスマス礼拝にいらっしゃい」というメッセージです。すると、これまで教会などに行ったことのない人たちも、この機会に行ってみようかと参列します。

クリスマス礼拝のさいは、その礼拝のなかで聖餐式の儀式が行なわれ、参列者に「パンと葡萄酒」が配られます。ところが、ここで区別、差別があるのです。じつはそのとき、「洗礼を受けていない方はご遠慮ください」との言葉が司会者から飛んできます。招待されたお客さんは、この聖餐式には参加できないのです。

重要な問題もあります。たとえば、「イエスさまは乙女マリヤから生まれた」です。子どもでも、中学生くらいになるとわかっているのに、依然として「処女生誕説」を強要します。教会の牧師による違いもありますが、その牧師を生み出した神学校、大学の神学部などによる違いもあります。キリスト教の各派は、自派の牧師を養成する目的でそれぞれに牧師養成学校を用意していて、そこで会派独自の解釈を教えるからです。こうして、処女生誕説はいつまでも教え続けられるのです。

多くのプロテスタント教会は、結婚式のあるべき形式を厳しく課していません。ですから、洗礼を受けていなくても、ほとんど誰もが教会で結婚式を執り行なってもらえます。しかし、カトリック教会では、男女ともに洗礼を受けたキリスト者でないと受けつけてもらえないでしょう。正教会も同様だと思います。

いずれにしても、どこかの会派を選んでキリスト教にもとづく家族共同体をつくることは可能です。個人の努力しだいで、すばらしい家族共同体を築けることでしょう。ただし、カトリック教会では聖職者による子どもたちへの性的虐待が後を絶ちません。閉ざされ、戒律が厳しい宗教だからこその実態だということができるでしょうか。

8章　楽しく社会に貢献する共同体

「地球の温暖化は終了しました。地球沸騰の時代が到来しました」。国連のグテーレス事務総長が二〇二三年七月に行なった演説での指摘です。温暖化のレベルを超えたというのです。

二〇二二年の夏も猛烈な暑さでしたが、京都の二〇二三年の夏は前年以上に危険な暑さでした。まだ八月にも入っていないのに、一日の最高気温は三六度、三七度、三八度が続きました。

これくらいはまだしも、西ヨーロッパではギリシャを筆頭に四〇度以上の気温が続き、高温と乾燥が原因の自然発火による火事が森林などで発生しているとのニュースも伝えられました。北アメリカでは大規模な山火事がカナダで発生して二か月以上も類焼し、この山火事の黒い煙はニューヨークにまで達したそうです。沸騰する地球を私たちはどうすることもできません。こういうなかでも、なんとか工夫して生きなくてはならないでしょう。さて、どうしたらよいものでしょうか。

最近、私の身近なところであった出来事を紹介しましょう。

三〇年ほど前に私のゼミナールに所属していた卒業生から電話がありました。彼は九州に住んでいたはずだと思い出して、「九州も暑いでしょう」と話しはじめると、「じつは引っ越しました」というのです。どこに？　と尋ねると、長野県の八ヶ岳の麓のレタス農家を買い受け、農業をはじめたとのことでした。朝夕は涼しいし、広々としたレタス畑に立っていると、「温暖化でも大丈夫、やってゆける」といっていました。

誰もが彼のように移住できるわけではありませんが、猛暑が続くなかで、なんとか楽しく生きる工夫の一つかもしれません。沸騰する地球で生きてゆくには、なんらかの工夫が必要です。女性上位の共同体を創造して、なんとか生き残れる方策を考えたいと思っています。

そこで、最初にこの発想の出発点を決めることにしましょう。「沸騰する地球をこれ以上に暑くしない」ことを目標に設定するのです。もちろん沸騰は止めたいのですが、われわれ日本人だけでそれを実現することは諦めます。「せめて現状以上に悪くはしない」というやや消極的な発想です。一五歳から環境活動をはじめたスウェーデンのグレタ・トゥンベリさんの行動は立派ですが、われわれは「ぼつぼつ頑張る」ことにしませんか。

「過剰」を抑えた社会をめざす

そもそも環境問題の根本的な要因はなんですか。それはわれわれ人間の欲望です。しかし、人間の欲望そのものを否定することはできません。人間社会の進展の原動力だからです。では、なにが問題なのでしょうか。それは過剰な欲望です。

自分の身の周りを見渡すと、「過剰なシナモノ」がいかに山積みになっているかに気づきます。まずは衣類です。女性だと、買ってきただけで家の外では一度も着たことのない衣類がいくつもあるのではないでしょうか。

家のなかでは、食器類、装飾品、さまざまな道具類、それにたくさんの本の類。読むことのできないほどの本が積み重なっています。この状態を実現させたのは過剰な欲望ですが、「お金があったから」です。どれほど過剰な欲望があっても、お金がなかったら過剰な品物を買うことはできません。軽自動車のような比較的安価な車であっても、一家に一台は必要ないでしょう。三軒に一台で充分です。計画をたてて「共有」して使用すれば、それほどの不便は感じないですむでしょう。過剰な欲望を慎むよう、ぼつぼつ頑張ることです。

しかし、過剰な欲望を発揮できるのは一家の収入が国民の平均以上の人です。貧しい人にはあてはまらない、という反論があるでしょう。そのとおりです。それに、家を借りて住んでいる人と、所有している人との区別なども必要です。

このような所有格差は、制度を改革するだけでかなり改善するはずです。過剰な欲望と過剰な消費を抑制するには、過剰な収入を抑えることです。もともと収入の少ない人の収入を抑える必要はありません。格差の小さい社会をめざせばよいのです。

合理性と経済成長を放棄して緩やかに

現代の日本において、大きな格差が生まれている原因はどこにあるのでしょうか。主要な要因は、大都市に人口が集中していることです。これは日本だけではありません。韓国にしても、巨大な人口がソウルとその周辺都市に一極集中して困っています。人口集中はインフラ設備などを効率的に運用できる反面、住宅不足、家賃高騰などを付随させます。

就職先も、とくに首都圏の大都市に集中してきます。結果として、大学などの高等教育機関、さらには芸術系教育機関、芸術開催施設、大規模スポーツイベントや音楽イベントも都市に集中して開催されるようになります。観客や学生を大勢集めることができるのは大都市だからです。

「新産業を育成する必要があるので、実力のある大学に予算を多く配分する」と政府が発表しましたが、この基準に該当した大学はすべて大都市にある旧帝大でした。人口集中の解決策は、いうまでもなく地方分散のはずです。しかし、そういう施策は決して実現しません。企業、政府、国民のほとんどが「経済成長」という欲望に憑りつかれてしまっているからです。そういう決定を下す立場の人たちの多くは、大都市に暮らし、人口集中によるメリットを享受しているからです。

経済成長を進めるには、近代思想にもとづく合理的な政策が必要です。それには優秀な人材を集めなくてはなりません。優れた人材を地方に分散させていたのでは合理的な活用はできませんから、高給を払ってでも大都市に人を集めます。予算を分散させていても不合理です。結果として、人も予算も大都市に集中することになります。

人類の歴史において都市が成立したのは、農業文明がかなり発展してからでした。狩猟採集時代が終わり、農業がはじまると人口を集中させる必要が生じます。技術的な面では灌漑用水の敷設と効率的運用などが理由ですが、最大の要因は戦争に備えることでした。当初は戦争に備えて防備する力を高めることに注力しますが、やがて相手を攻撃して領地を獲得・拡大する戦争をはじめます。そのような強力な軍事力を獲得するには、強力な経済力が必要です。経済成長が必要です。

農業経営であっても、収穫を増加させるには専門家が必要です。多種類の農産物を販売・入手するには商人が必要です。軍隊をもてば、軍事施設や住宅などの建設、軍人たちを養う衣食の支給、娯楽施設の設備などの費用が不可欠です。さらに、これらのすべてを管理・運営する官僚と官僚組織が必要です。軍人たちにも家族がいますから、消費者としての女性、子ども、老人なども含む都市が成立します。どうしても経済成長が必要です。

そうはいっても、現代の日本に求められている経済成長とは、そうとう異質な形態です。都市の成立にともなう経済成長の必要性は理解できますが、巨大都市誕生の現代のメカニズムと経済成長論には賛成できません。「都市の巨大化と経済成長」を追求しようとすれば、現状のメカニズムをそのまま継続することになります。地球をますます沸騰させることになります。そのような活動には、なんの希望も湧いてきません。

ただし、国際経済という観点でみれば、「経済成長」を抑制すると国際競争力が低下して他の国に負けてしまうという問題を生じます。現在も、韓国や中国に負けつつあって問題になっていますが、先進国はこの敗け戦を容認する必要があります。そうしないと、あとからくる国ぐには先進国に追いつけません。国際経済の観点に照らしても、やはり「経済成長を追求しない」という姿勢で、次のような共同体を構築すべきだと思います。

宗教法人は社会福祉法人化して目的を社会貢献に変更する

あるべき共同体の姿としてまず提案するのは、宗教法人法の廃止です。すでに何度も書きましたように、宗教そのものは重要な役割を果たします。信仰は、多くの人たちによって守られるべきです。しかし、宗教法人法によって、宗教を異常に保護する必要はありません。その宗教団体が法人格を必要とするようなら、社会福祉法人に転換すればよいでしょう。宗教そのものは、一種の社会福祉活動です。老人福祉機関などと同じように社会に開かれているべきものですから、会計監査をきちんと実施すれば、怪しげな宗教活動もなくなるでしょう。

今般の旧統一教会のケースをみても、そのことは明白です。政治家が暗殺されるという反民主主義の悲惨な事件はありましたが、そのような事件によって、多くの政治家や宗教法人がなにやら怪しげなことを長年にわたって行なっていたことが明らかになりました。

宗教法人法を廃止しますと、日本各地の多くの寺院や神社は無税扱いの土地を社会に供給することになります。供給された土地が有効に活用される期待がもてます。そういう土地を利用して、地方で新しい種類の農業をはじめることもできるでしょう。稲作に加えて、アユやウナギの養殖なども可能になるでしょう。地球を沸騰させるような事業でなければ、大いに歓迎されるはずです。しかし、宗教法人格を失った団体にもっとも期待される事業は、やはり社会福祉的な事業です。

重要であっても、一般の社会がなかなか受け入れてくれない公益的な事業があります。たとえば、犯罪者が服役を終えて社会に復帰しようとしても、住居と仕事が供給されないという実状があります。この問題には、ぜひどこかの宗教グループに取り組んでもらえるようお願いいたします。

このような役割を果たすには、母親的な配慮が必要です。ついては、そのような実践をともなう女性共同体の構築がやはり思い浮かびます。

類似の例に、犯罪を犯した人の子どもの生活を援助する事業があります。そのような子どもたちが差別されないで健やかに成長できるよう、支援していただく業務です。そのほかにも、学校に通えない子どもたちなど、子どもに関連するもろもろの問題に対応する共同体の誕生を期待します。

老人福祉施設では、人手不足が深刻です。外国人を採用することで施設は運営されていますが、じつは人手が余っている社会があります。「定年退職者」の群れです。定年退職して数年は、「これまで忙しくてできなかったことをやりたい」と趣味をはじめたりしますが、徐々に続かなくなります。理由の一つは、どのような趣味にもお金が必要ですから、この面からブレーキがかかることです。結果として、毎日ぶらぶらという暮らしになります。

そこで、そういう定年退職者のみなさんに「女神の共同体」をつくってもらい、参加してもらうのです。既存のシルバーセンターなどよりもボランティアの性格を高め、豊かな経験と専門性を発揮できる共同体です。たとえば、中小企業、老人施設、子どもの活動支援など、多くの分野が人材を求めています。多少の報酬はあったほうがよいから、一日五〇〇〇円くらいを支払うのは有効かもしれません。この共同体の活動自体を趣味にしてもらうのもよいでしょう。

実社会が期待する社会貢献に取り組む共同体の例を書きましたが、宗教に関連した「静かなしあわせ」を提供するような共同体も実現できるでしょう。仏教関連ではヨガ、座禅を指導する人たちの共同体なども考えられるでしょう。キリスト教の関連では、聖書研究会を主導する共同体なども可能です。仲間とともに、静かな思索のときを楽しむことができるでしょう。

若者には地球を沸騰させない生き方を選択してほしい

二番目に提案したいのは、とくに若い人たちに「地球を沸騰させない」方向で「人生の選択」を考えるようにしていただきたい、ということです。人の一生は、たくさんの選択の結果によって成り立っています。両親や誕生地を選ぶことはできませんが、中学を卒業して高校に進学する、大学に進む、どこかの会社に就職するなどの主体的選択は可能です。そうはいっても、自然環境に配慮し、かつ自分の能力や自分の幸福にとってもっとも良い選択をすることは、なかなかむずかしいものです。

私のような高齢になると、友人たちは自分の人生を正直に語ってくれるようになります。私立大学の名誉教授になっている友人は、「思想を誤った」と率直に書いてきました。彼は同志社大学商学部でマルクス主義経営学を選び、研究してきたのですが、ソ連は崩壊し、中国にしても北朝鮮にしてもマルクス主義を主張しなくなっている現代に直面しているからです。

もう一人、公立大学で中国文学を研究してきた名誉教授は、「中国文学ではなく、フランス文学をやるべきだった」とポツンと漏らしました。日中友好が叫ばれ、ちょっとした中国ブームに沸いていた一九六十年代に京都大学で中国文学を選んだ人でした。

二人は、中学、高校、大学と順調に進学してきた人たちです。多くの人は、このような順調な人生を歩みます。しかし、そういう人とはまったく異なる選択をしてきたのが私の人生でした。そこで、その人生と選択について書いてみます。

9章　選択の人生と私

最初の大きな選択は、中学を卒業しても全日制高校に進学できなかったときに経験しました。家が貧しくて高校に行けない状況に置かれたとき、「それならほかの方法で資格をとってやろう」という選択をしました。

実家の農業を手伝いながら一年は定時制高校に通いましたが、定時制では卒業までに四年もかかって不経済です。そこで、参考書を買ってきて昼間は実家の農業を少々手伝い、夜と雨の日は毎日、勉強、勉強と励みました。そして二年半で文部省の「大学入学資格検定試験」を受けました。点数は四五点などというぎりぎりの科目もありましたが、とにかく合格しました。

しかし、大学に進学しようと思っても、お金はありません。とりあえず働くという選択をして岐阜県にあった紡績会社に就職しました。朝鮮戦争の時代で紡績業は繁栄していて、衣類はつくれば売れたようでした。紡績会社は中学を卒業したばかりの女子をたくさん雇用して、午前組と午後組の二交代制で工場を稼働させていました。しかし、女子の深夜労働は労働基準法で禁止されたのです。そこで、深夜の時間帯は男子に働かせる三交代制を考え、私のような男子が採用されたのです。

昼間は、工場のうるさい音が響きわたる会社の寮で寝て、夜に働く生活がはじまりました。この工場勤務で、「人は昼に働き、夜は眠るものだ」と痛感したものです。

そういう時代ですから、「人権争議」とよばれる労働争議がはじまりました。しかし、私はこの会社で労働組合運動をすることを選ばず退職し、失業手当を受給する選択をしました。

進学資金と母への送金に自衛隊に入隊

五か月ほど失業して、一九五四年に改組された陸上自衛隊松本部隊に入隊しました。当時は警察予備隊を改編して発足した保安隊という名で、これに所属していた近所の人に誘われたのです。待遇が良かったのです。当時の日本は貧しく、まともな就職先はほとんどありませんでした。そういうなかで自衛隊は衣食住が無料、二年契約で退職金が七万円という好条件でした。もっとも、一か月間の新隊員教育は苦痛に満ちたものでした。

大学入学資格検定試験の受験勉強で部屋に閉じこもり、ほとんど運動も仕事もしないで勉強、そして深夜労働の毎日で、私の体は完全に軟弱になっていました。ですから、新隊員教育はいよいよ苦しい体験でした。しかも、自衛隊に入隊した一か月後に、腎臓病を病んでいた父が亡くなりました。

一八歳の私が長男で、その下に三人の弟、そして姉一人と母の五人の生活を支えなくてはならなくなりました。自衛隊ではお金なしでも生活できたので、給料のほとんどを母親に送金しました。

現在は自衛隊員を募集しても応募者は少ないようですが、待遇が良かった当時は人気のある仕事でした。二年間の契約が終了しても、再契約を希望する人が大勢いました。私の希望は当初から大学に行くことでしたが、家庭の経済事情から自衛隊を退職して大学に行くことは無理だと判断して、私ももう二年の契約をしました。姉は定時制の高校を卒業して働きはじめていましたし、次男は中学を卒業して実家の農業に従事していました。それでも、二人の弟はまだ高校を卒業していませんでしたから、どうしても仕送りが必要でした。

私が自衛隊からもらった最大の贈り物は、自動車の運転免許証です。ウクライナでの戦争のニュースで、迫撃砲を撃つ場面をテレビでときどき目にします。私も、ジープのうしろにトレーラーをつけ、この迫撃砲を運搬する仕事につきました。迫撃砲部隊では車を運転する隊員が必要でしたから、運転手教育が定期的にありました。当時の私は二〇歳でしたから、あのときから六〇年以上もこの運転免許証のお世話になっています。

当時の免許証は一種類だけでしたが、しばらくして、現在の免許証のようにいくつもの種類に分けられました。私が自衛隊で取得した免許証はやがて貴重な「大型二種」免許になり、それから六〇年以上も役にたつ宝になりました。

二年の契約で七万円の退職金があるということで、四年で一四万円を受け取りました。当時の大卒の初任給が一万三〇〇〇円くらい、現在はその一七倍であることから換算すると、一四万円は現在の二三八万円くらいになります。ところが、このお金は退職金ではなく年金の先払いであったことを知ったのは、実際に年金を受け取ることになった時点でした。年金を受け取るとき、そのぶんが引かれていました。それでも、大学に進学するときはこの退職金はおおいに役だったと思っています。

貿易の仕事をしたいと同志社大学商学部に

当時の国立・公立の大学の授業料は、私立大学にくらべてはるかに安いものでした。ですから私などは国公立の大学に行くべきでしたが、入学試験の科目数がまったく違いました。私立は三科目ほどなのに、国公立は七、八科目はありました。私は八月に自衛隊を退職して受験勉強をはじめ、一月には入学試験を受けなくてはなりません。それには私立大学しかなかったのです。

次は大学の選択です。長野県は東京に近いので、私立大学に行くとすると東京の大学に進むのがふつうでした。しかし私は、こんな意地っ張りなことを考えました。順調に進学した同級生たちはすでに東京の大学を卒業して就職している。そんなところに五年も遅れてノコノコと入るのはやめよう、という選択です。東京に行かないのなら、次は関西です。

私は将来、貿易の仕事をしたいと考えていましたので、それを実現できそうな大学はどこだろうかと探しました。そして、京都の同志社大学商学部ならその希望を実現できそうだと受験し、なんとか合格できました。自衛隊を退職後の数か月の受験勉強で合格できたのは、受験科目が実質的にたった二科目ですんだからでした。国語と英語の準備はしましたが、社会科の「時事問題」は準備の必要がありませんでした。社会人としての生活で理解できていたからです。

バイブルと英語三昧の日々

大学から入学手続きの書類が送られてきたさい、同志社教会からの案内も同封されていました。読むと、アメリカ人宣教師による英語でのバイブルクラスがあるので、「希望するなら申し込め」と書いてありました。貿易の仕事をするなら欧米の文化を理解しておく必要があるし、それには聖書の知識が必要です。そのうえ英語まで学べるというのは、まったくありがたい話です。バイブルクラスは無料ですから、とにかく申し込んでおこうと決めました。

同志社教会の日曜礼拝は朝一〇時からで、バイブルクラスは九時から一〇時まで礼拝堂の隣の会議室で行なわれました。数人の宣教師の先生がおられて、それぞれクラス分けされて私はアリス・E・グイン先生のクラスでした。六十歳代の女性の先生でしたが、最初のクラスは学生が部屋に入り切れないほどでした。三〇人から四〇人くらいはいただろうと思います。

ラジオ放送で英語を聴くことはありましたが、生の英語を直接聴き、話したのは、このグイン先生が初めてでした。私は、皆勤でこのクラスに出席しました。当初の部屋に入り切れないほどの学生は、雨でも降ると部屋はかなりガラガラになり、夏休みが終わって新学期がはじまると一〇人くらいになりました。そして、雪が降り寒くなると二、三人になっていました。

学生たちは英会話の授業を期待して出席していたのでしょうが、先生は聖書を教えたいと続けておられました。私は聖書も学びたいと思っていましたから、先生のお話に尋ね、尋ねしながらも、聖書の世界に入り込んでいました。

冬休みで長野の田舎に帰っていたとき、グイン先生に質問の手紙を書いたことがありました。先生は返事をタイプで打って返してくださいました。聖書にはさまざまな常識外れの記述がたくさんあります。質問すると、先生はほんとうに丁寧に、日本人の常識的な考え方を考慮したうえで答えてくださいました。

あるとき、「イエス・キリストに救ってもらうことは、自分一人で聖書を充分に研究して信仰を深めるだけで実現しますか」と同志社教会の副牧師に質問しました。「キリストによる救済は、教会をとおして実現します。自分勝手な信仰では救われません」が副牧師の回答でした。「救いは教会をとおして」というカトリック教会と類似の説明には、反発を感じました。

同じ質問をグイン先生にもしました。先生の回答はこうでした。「自分一人でも、信仰を深めたらイエスさまに救ってもらえるでしょう。しかし、自分一人では間違って理解する可能性もあります。

ですから、教会に行ってほかの人の考えを聞く機会があるほうがよいでしょう」。このグイン先生の説明には納得しました。

昔、定時制高校で一年だけお世話になった山岸喜久男先生から、「京都に行ったのなら、友人の末光信三牧師が同志社に勤めているので訪ねてみてはどうか」というお便りを受けとりました。山岸先生は北海道大学のご出身で、末光信三牧師も北海道大学を卒業後は予科の教授をされていた方で、山岸先生とは内村鑑三がはじめた独立教会で一緒だったのです。

末光先生は同志社の海老名弾正総長の招聘を受けて同志社にこられたのですが、末光先生は神学部を卒業せずに、まさに一人で聖書を学び牧師資格試験に合格された人でした。思想的には無教会派的でしたので、私にはピッタリの方でした。そこで、同志社教会ではなく末光先生の賀茂教会に出席する選択をすることにしました。

グイン先生のバイブルクラスは一〇時に終わるので、自転車で急げば一〇時一五分にはじまる下鴨にある賀茂教会の礼拝の時刻に間にあったのです。賀茂教会はマクリン幼稚園の広い教室を日曜日だけ借用して開かれていた教会ですから、無教会派の集会によく似ていました。

クリスチャンの洗礼を受ける決心と自信

グイン先生と末光先生の導きで、キリスト教の理解がかなり進んだことから、洗礼を受けることを考えるようになりました。ところがそんなとき、「もしかしたら騙されているのではないか」という不安がフツフツと湧いてきました。この不安に答える回答がこれでした。「二〇〇〇年もの長期にわたり、私などよりもはるかに優れた人たちが信仰し、立派な業績と歴史を築いてきたものに偽物があるだろうか」。そして一九六〇年一二月二五日、末光牧師から洗礼を授かりました。私の人生における最大の選択でした。最大の選択になったというのは、自分の心に人生の大黒柱ができたからでした。

当時はソ連、新中国、北朝鮮など、マルクス主義にもとづく国ぐにが発展していると喧伝され、マルクス主義の思想や経済学がもてはやされていました。同志社大学の商学部でも、教授たちの半分くらいはマルクス主義にもとづく理論や主張を展開していました。学生たちも当然、そのなかで論争していました。同志社では、「マルクス主義か、キリスト教か」が論じられていたのです。洗礼を受けてキリスト者になったというのは、マルクス主義を否定してキリスト教を選択したということでした。あらゆる論争に、キリスト教の立場で主張する自信も生まれましたし、安心もしました。

それは論争の問題だけではありませんでした。どのような女性と交際するかの問題にも回答が与えられました。ここで私が決めたのは、「私が交際をする女性は、教会や聖書研究会などで出会った人だけにする」というものでした。旅先ですばらしい女性に出会い、一目ぼれして交際をはじめるなどということは決して起こさないということでした。

宣教師の先生と暮らし学ぶ日々

大学一年生のときは、家庭教師のアルバイトを二件経験しました。二年生では、イギリス文化センターの館長のお宅に住み込みで、自家用車の運転手のアルバイトをしました。大きな秋田犬「源氏」の散歩、記念パーティでのボーイの仕事などもしました。

三年生になったときに、クリスチャンかキリスト教賛同者の学生一二人とアメリカ人教師一人が一緒に生活する「同志社布哇寮」に入りました。アメリカの男子大学生のフラターニティに似た制度の学生寮で、ただの宿舎ではなく、さまざまな寮活動も行なわれる多忙な学生寮でした。

日曜日の夕方には毎週、寮生のほかに同志社女子大学の寮生も参加する夕拝が行なわれました。礼拝が終わったあとはティーパーティがあり、女子学生との交流も盛んでした。そのあとは、自分の気に入った女子学生を女子寮までエスコートすることまで慣例化していました。結果として、さまざまなロマンスが生まれたり消えたりしました。

毎週木曜日の夕方には、寮生たちだけでの英語によるディスカッションもありました。寮監のジョン・ラッシー先生による英語指導も同時に行なわれました。春にはガーデンパーティ、秋にはオープンハウス、冬はクリスマスパーティなど、多忙でした。楽しい青春を謳歌しました。

この布哇寮での生活は、三年生、四年生の二年間だけと決められていたのですが、多忙ですからアルバイトなどはできません。私は三年生の一年間と、四年生の半分で退寮することにしました。

下宿を探して引っ越しをしなくてはと考えていると、寮監のラッシー先生が、「グイン先生が部屋を貸してくれる」と伝えてくださいました。ラッシー先生がグイン先生に頼んでくださったのでしょう。まったく、ありがたい話でした。

ベッドのはいった八畳くらいの部屋をお借りし、グイン先生との二人だけの生活がはじまりました。先生は薪ストーブを使用しておられましたので、薪の運び込み、灰のかたづけ、先生が日本人に宛てて書かれた手紙の漢字での宛名書きなどが私の仕事でした。ほんとうに軽い負担で、部屋代と朝食代が無料になりました。

朝食は先生と私が一日おきに交代でつくることになっていて、献立はほとんど毎朝同じでした。ハウスキーパーの徳田さんが土曜日の朝に焼いて冷凍しておいてくださったパンを切ってトーストにすること、オートミールを調理すること、冷蔵庫の乾燥したプルーンを煮込んで柔らかくしたものを一人五粒ずつ、それにバターを入れて蒸らすように料理した卵、以上でした。料理ができると、二人そろって聖書を朗読します。

そのころは「使徒言行録」を毎朝一章ずつ読んで、そのあと先生は英語で、英語でお祈りができるまでにいたっていなかった私は日本語でお祈りをして、「いただきます」になりました。英語には「いただきます」という表現がありませんので、グイン先生も日本語で「いただきます」といって食べはじめました。

先生は日本語でほとんどの会話ができたのですが、私のために常に英語で話してくださり、私は英語を話すように努力しました。グイン先生は同志社中学で英語を教えておられましたので、朝食がすむと学校へ行かれましたし、私はたまに大学の授業に出て、あとは毎日、西陣の織屋に出かけました。織物のデザインを織機によませる紋紙というパンチ穴をあけた厚紙を小型貨物車で配達する仕事でした。

このアルバイトで生活ができ、大学を卒業することもできました。常にお金に困っていましたから、「卒業して早く働きたい」と、そのことばかりを考えていました。

10章 人生を懸ける職業

次は就職先の選択です。伝統的な日本の社会では年功序列の考えが徹底していましたので、私のような大学に五年も遅れて入ってきた者は、卒業しても著名な大企業には相手にしてもらえません。それでも一九六十年代は新しい電機産業が勃興していて、私のような者でも採用してもらえそうな企業が現れました。京都に本社を置いたニチコン株式会社です。

ニチコンの元の名前は日本コンデンサ工業で、海外にも進出したいとの要望があり、輸出貿易に力を入れようとしていました。私の希望と一致するものでした。入社すると、貿易業務を担当していた東京営業所に配属になりました。

大きな商社ですと新人にはたくさんの商社教育があるのでしょうが、当時はまだ小さなメーカーの貿易部門でしたから教育のようなものはなにもなく、海外の業者と直接やりとりすることが仕事でした。上司はいましたが、必ずしも業務をよく理解しているわけではない方でしたから、ほとんどを自分勝手な判断で処理していました。

ニチコンでは、重要なことを学びました。社長も重役も私のすぐ近くにいたものですから、彼らがなにをしているのか、どんな業務を行なっているかを知ることができたのです。この会社で頑張れば将来、重役にはなれるかもしれない、社長にだってなれるかもしれない、などと思ったものでした。

ところが、自分の人生がそれだけで終わってもよいのかと考えてしまったのです。三〇年くらい勤めて定年で退社するとなったとき、「私の人生はこれでよかったのか」という大きな疑問が沸くのではないかと考えたのです。

愛するとは自分の時間を与えること

私たちは人の死を、点的に表現しています。「彼は二〇二三年九月五日に八〇歳で亡くなった」などの表現です。表現そのものは決して間違っていませんが、「人生と死」を深く考えるには、少々立ち止まって検討する必要を覚えるのです。死を点として認識するのではなく、「線」として理解することが必要なのです。すなわち、「彼は八〇年前に生まれ、それから毎日一日ずつ死んでいって、八〇年で死が完了した」という認識です。

これは、「会社に三〇年勤めて定年になった」という場合にもあてはまります。会社で三〇年働いたということは、自分の三〇年の生命を会社のために費やした、捧げたということです。では、自分にとってそれだけ価値ある仕事であったのか、はたして社会的に意義ある会社であったのかという疑問が湧いてくるかもしれないと考えたのです。

人生を考えるうえで、この視点はほんとうに重要です。たとえば、家事と育児だけをしている専業主婦の女性が、家事と子どもの世話だけで自分の人生の重要な時期のほとんどを費やしていたのと同じようなことが、私にもいえたのです。

家庭と子どもを「愛する」行為であったことがたいへん重要なのです。家事は雑用であまり重要ではないように思われるかもしれませんが、家事は夫を支え、家族共同体の平穏な暮らしを可能にしている「愛の仕事」なのです。

同じことは、ある会社で三〇年働いてきたという会社員にもあてはまります。すなわち、それは会社を三〇年も愛し続けたということでもあるからです。私は死を線的に理解するということは、自らの時間は一人ひとりの「命」として重要であり、「愛するということは自らの大切な時間を相手に与えることである」ことに気づいたのです。

どんな場合であろうと、「愛する」ことは自分の時間を相手のために費やすことです。私の仕事にたいする思いは、貿易の仕事がしたいという希望が実現したのですから、喜んでいて当然です。ところが、やがて自分の人生の全容を考えるようになると、自分が生涯をかけてもよい、すなわち命をかけてもよい職業とはどんなものか、と考えはじめたのです。

自分の生涯をかける仕事とは、「生涯をかけて愛し続けることのできる職業」のことです。私の結論は、教育の仕事でした。「高校の先生になろう」という結論でした。私の人生の岐路となる決定的に重要な選択を下したのです。

大学院生としてふたたび同志社で学ぶ

学校の先生になろう、あるいは先生になれるかもしれないといった希望や期待は、まったくもっていませんでしたから、私は教職課程の科目は履修していませんでした。教職科目を履修して教員免許を取得していなくては、先生にはなれません。東京で仕事を続けながら夜間の大学に通い、そこで教職科目の単位をとる方法もあるとは思ったものの、それは自分の生き方を根本的に変更するには腰の引けた覚悟です。はっきりと会社を辞め、大学に戻って履修しようと考えました。

しかし、重い気分が右往左往していました。順調に進学した人とくらべて、七年も遅れることになるからです。商学部でゼミを担当してくださった先生に、そのことを手紙で書きましたところ、先生からはこういう返事でした。教職科目は大学院でも履修できるから、「修士課程の大学院入試を受けてください」。

入試科目は英語と論文だったと記憶していますが、貿易業務が多忙で特別に試験準備をする時間はありません。ぶっつけ本番で入試に臨みました。おそらく最低の成績だったのでしょうが、とにかく合格できました。

京都に帰ることになるとグイン先生はまた、「自分の家の部屋を貸しましょう」と書いてきてくださいました。ほんとうにありがたいお話でした。次はアルバイトですが、商学部の大学院の先輩たちが受け継いできた非常勤講師の仕事がありました。商業高校の簿記、会計、経営の科目を担当するのです。不思議なことに京都で暮らす一切が準備されていて、そのなかで大学院生としての私の生活がはじまりました。「車の運転手の仕事でもしたら生活はできるだろう」くらいに考えていた私は、「大学院生」という学歴の威力を実感しました。

貿易コミュニケーション論を専攻する新婚さん

一週間のうちの三日間、高校で授業をしたら食べてゆけることがわかり、あとの三日は大学院の授業を受けるというスケジュールでの大学院生活でした。

しかも、就職もなにもまだ決まっていない修士課程二年目に、結婚までしてしまいました。彼女は東京の労働省に勤めていて、高田馬場でアメリカ人の女性宣教師フルツ先生が開いていた聖書研究会で知りあいました。当時の私は、同志社の布哇寮で知りあい、結婚まで考えていた彼女に振られて失意のなかにいました。そんなこともあって、東京で知りあった彼女をしっかり確保しようと、彼女を口説いて結婚を早めたのです。

私が京都に戻りましたので、彼女は東京から京都の労働基準局に異動させてもらい、左京区高野の木賃アパートでの新婚生活をはじめました。この木賃アパートでの暮らしは一年くらいで終わりました。彼女が職場で頑張って主張した結果、通常なら男性の公務員しか応募しない公務員宿舎に住めるようになったのです。伏見区にあった公務員宿舎の三階でした。住宅不足の時代でしたから、まったくありがたい話でした。感謝、感謝です。

大学院修士課程での最大の課題は、どのような分野を専攻し、どのような修士論文を書くかです。専門分野は貿易論ですが、その分野のどの領域を選び、どんな内容の修士論文を書くかです。そんなとき、「貿易コミュニケーション論」という科目名で新しく開講された講座がありました。

担当の教授は、誰もこの科目を選んでくれないとぼやいていましたが、誰もいません。院生たちは、もっと見栄えのよい科目、たとえば国際経済論、国際金融論、国際貿易論といった分野にいってしまいました。「専攻する人が誰もいないのなら、私がやりましょう」と、この講座に申し込み、ここで修士論文を書くことに決めました。決めたのはよいのですが、では具体的になにを書くのか、さんざん考え込みました。

東京で輸出業務をしていた一九六十年代は、まだイギリスのポンドが使用されていましたし、信用状（L／C）などの書簡にしてもイギリスとの関係が深かったシンガポールや南アフリカなどではイギリス形式が使用されていました。しかし、そのようなイギリス的な取引システムは徐々に使用されなくなり、アメリカ的な英語とアメリカのドルが支配的になっていました。

そこで、このような貿易取引に使用される言語がいつ、どのような原因で、イギリス的な英語からアメリカ的な英語に取って代わってきたのかを調べ、修士論文にしようと考えました。こうして、「アメリカ商業通信文の成立過程に関する研究」を修士論文として完成させました。

短大で商業英語を担当しつつ博士課程を履修

修士を終了しても、就職先を見つけるのは一般的には困難です。ところが私は、すぐに決まりました。しかも、博士課程を履修しながら働ける女子短大の非常勤講師でした。京都御所の西の室町通に面した平安女学院短大ですから、自転車で御苑を突っ切ると一〇分もかからず同志社の博士課程の教室に行けました。

平安女学院短大が求めていたのは、商業英語を担当する教員でした。英語を専攻して短大を卒業する学生に、会社で歓迎される英語能力をつけさせるためでした。誰も受講しない「貿易コミュニケーション論」を専攻したおかげで、歓迎してもらいながらの就職になりました。これも適切な選択をした結果だと思います。この平安女学院短大には八年間お世話になり、そのあと神戸市外国語大学に移って、六五歳の定年まで勤務しました。

「人生の選択」について、私の体験をいろいろ書いてきましたが、さまざまな選択をするさいに「ラッキーだった」という記憶がたくさんあります。なかでも生涯最大の選択は、キリスト教の洗礼を受けてクリスチャンになる道を選んだことでした。

そういうこともあって、なにかの選択をするさいは常に神さまに、「私にふさわしい選択をしてください」と祈ってきました。神さまが導いてくださったのだという感謝の思いは、常にありました。自分にふさわしい選択ができたなら、きっと楽しい共同体をつくることもできるでしょう。私の場合は、楽しい家族共同体でした。

11章　女性たちとアダルトビデオ

日本国憲法のもとでの自由民主主義を基軸文化とする日本では、公共の福祉に反しないかぎり、あらゆることが自由に行なえます。アダルトビデオとよばれる性風俗に関するビジネスもかなり広く行なわれています。この日陰者の文化に、多くの男性がかなりの興味をもっていると思いますが、私も関心をもって観察しながら、かつ楽しんできました。

私がそのようなビデオを観ていると妻に非難されますので、おそらく多くの女性はアダルトビデオ反対派かもしれません。地球規模で女性たちは反対かもしれませんが、逆に男性たちのあいだでは世界のどの国、どの民族、文化・文明を超えて共通の関心になっているのではないでしょうか。しかも、ほかの諸文化と同様に、「主流文明」となっている自由度の高い諸国・先進国において、高品質のビデオが制作されています。「えッ！　なぜ？」という疑問がすぐに湧いてくるでしょうが、それはインターネットの発展の結果です。

性風俗の動画規制を無意味にした国際化

五〇年以上前の映像による性風俗の表現は写真にかぎられていましたが、一九七〇年代にはテレビと直結したビデオが登場します。性風俗もビデオテープに録画・販売され、それをテレビ画面で観るというシステムです。したがって、一台のテレビで家族全員が観るようなことはできません。やむをえず夜中に観るか、自分専用の小型テレビで観ることになったものです。

このあと登場したのがパソコンですが、パソコンはインターネットを誕生させ、英語という国際語を使えば世界のほとんどの英語話者と交流できるようになりました。性風俗も、このネットに乗ることになります。性風俗に関する規制は、それぞれの国によって異なります。しかし、インターネットの普及は、国ごとの規制をまったく意味をなさないものにしてしまいました。

日本には、飲食店、飲み屋、パチンコ屋、クラブ、ラブホテルなどの風俗関連のビジネスを規制している「風俗営業法」があります。このなかの「映像送信型性風俗特殊営業の規制等」の項目で、比較的厳格な規制が行なわれています。すると、日本の業者は「ボカシ」のない作品を制作したいとロスアンゼルスなどにアメリカ国籍の会社をつくり、ここで制作した作品をアメリカのインターネット接続サービス業者のネットに乗せるようになりました。日本に住んでいるふつうの日本人も、そういうものをアメリカのネットで閲覧できるようになったのです。

そのような作品はいわばサンプルとして流していますから、日本人も無料で入手できます。しかも、日本の法律である映像送信型性風俗特殊営業の規制等では、アメリカ製の動画は規制できません。ただし、あらゆる情報を管理・規制している中国や北朝鮮のような国では、規制は可能でしょう。自由民主主義国の日本では、アメリカ製の動画にしても自由に輸入できるということです。

もっとも、日本政府も強引に規制することはできるはずです。しかしそうすれば、アメリカ製品の輸入を規制することになります。アメリカへの輸出が巨額である日本には、そのような輸入規制はできないのです。

変容する市場と規制

では、日本国内におけるアダルトビデオ市場は、どのように変わったのでしょうか。いちばんの変化は、AV女優の扱い方が人権をかなり重視する姿勢に変わったことです。すべてではありませんが、かなりの制作会社は女優たちを性的奴隷のように扱っていたといいます。しかし、アメリカの動画制作の規制の影響を受けて、アメリカで制作された日本人による作品も女性の人権を重視するように変わったのです。こうして日本国内の作品に明白な女性蔑視は少なくなりました。アメリカでは年少者保護が重視されますから、規制も厳重です。一七歳以下の若者は採用できません。日本でもこの傾向は重視されるようになりました。

二番目に大きな変化は、とんでもなく厳しかった日本国内製の動画のかつてのボカシが、徐々に薄れてきた点です。男性器は少しくらいのボカシでも、実態をかなり知ることができます。しかし、女性の外陰部は少しのボカシでほとんど見えなくなります。日本国内の制作会社は、このことを利用してアメリカのボカシのない動画に対抗するようになりました。

ボカシなしの動画が拡がるなかで、「ボカシを入れますから、アダルトビデオに出演してください」と、女性たちに声をかけるのです。その結果、「ボカシが入るのなら、OK」と出演してくれる素人の女性たち、しかも美人の女性たちを獲得できたのです。「自分の全身ヌードを、このさい動画に残しておきたい」と考える、若くて美しいと思っている女性が現れるようになったといいます。

三番目の変化は、アダルトビデオに関するニュースなどがほとんど報道されなくなったことです。ボカシのない動画がアメリカ経由で見られるようになったので、アダルトビデオ反対派の人たちがなにもいえなくなったからです。日本国内で規制できないことが、はっきりしたからです。自由民主主義思想が国際化することで、アダルトビデオのような「裏方文化は自己責任で運用すべし」となったのです。

しかし、自己責任となると、重要な問題が残ります。主として中学・高校の男子生徒の教育です。性に目覚めるころの彼らが、こういう動画に直面して病みつきになったときにどうするのかの問題です。ちょっとした中毒になる可能性はあります。この問題については、すでに各地で議論が起こっているかもしれません。

中学校の先生が体育の授業中に校庭の隅でアダルトビデオをスマホで観ていた、との指摘が報道されたことがありました。そんな先生はもちろん赦されません。しかし、先生までもはまってしまう魔力にどのように対応するのかは、むずかしい課題です。一般論としては、スポーツなどへの関心を同時にもつようにして、偏らない暮らしを送るよう誘導するべきでしょう。

しかし、「沸騰する地球環境」を抑制するという観点からこの問題をみると、夜遅くまで受験勉強するとか、長時間の残業を続けるなどの現在の風潮を改善する可能性はあります。スウェーデンの環境活動家のグレタ・トゥンベリさんは、「学校に行って勉強しなさい」といわれて、「そうすると、その先に希望がありますか」と逆に問いただしています。

受験勉強も長時間労働も、沸騰する地球環境をますます促進する働きをするでしょう。しかし、自分の興味や娯楽のためのアダルトビデオに、地球環境を沸騰させるような力はないでしょう。アダルトビデオを観ているほうが、地球環境にとっても、自分自身にとっても利益になるのです。そのような見方も可能です。

性教育とアダルトビデオの効用

次は女性たちによる起業の提案です。調べたわけではありませんが、アダルトビデオ制作業者はたいていが男性でしょう。この種のビデオは一人でもつくることができるでしょうから、それなら女性にもぜひ作品をつくってもらいたいものです。数人の女性が集まり、女性にとって楽しいアダルトビデオをつくるのです。インターネットで仲間を募り、作品ができたらインターネットで売ればよいのです。風俗営業法を少しは学ぶ必要はあるでしょうが、女性がつくった作品はそれなりに評価されると思います。しかも、男性だけでなく、女性にも歓迎されるような作品になれば、市場も拡大するのではないでしょうか。

アダルトビデオの制作が女性も参加するビジネスに変われば、女性上位の共同体が日本各地に誕生し、日本の社会も変わることでしょう。沸騰する地球と社会を少しなりとも改善する方向に導いてくれるかもしれません。

二〇年以上も昔のことだったと思いますが、当時の文部省は小学校の高学年生徒が対象の性教育の教材を準備しました。ところが、自由民主党の一部の議員から反対の声があがり、その教材は廃棄されてしまいました。「性と性教育に関する詳細な教育は、子どもを早くに刺激するのでよくない」という論理でした。

その当時、北欧のスウェーデンなどでは、すでに性教育を実施していました。女生徒が学校に行くときは、母親が娘にコンドームをもたせているなどと報じられていました。正しい性教育を行なうほうが、子どもたちに健全な知識を与えることになります。それでも日本では、旧来の考え方のまま現在に至っています。子どもたちは氾濫する性に関する情報から自己責任で知識を得ているのでしょうが、ときには短絡的な理解から大きな失敗をも生み出しているように見受けられます。

ストーカー被害の対策、対応などが論じられていますが、その根本は性教育にあると思います。性教育として学校でアダルトビデオを生徒に見せればよいと、私は考えます。先に書きました女性によるビデオ制作に従事するみなさんが、性教育用のビデオを制作されればよいでしょう。

女性の外陰部は外から見えませんが、アダルトビデオなら充分に見えます。隠れていると見たくなるのが人情ですが、ビデオでちゃんと見てもらって、「私たちの誰もが、母のこの小さな穴から生まれてきたのです」と教えるのです。あなたも、私も、お釈迦さまも、イエス・キリストさまも、「みなお母さんの、この小さな生殖器から生まれてきたのです」と解説するのです。そうすれば、男子の生徒も女性を生涯にわたって尊敬し、丁重に対応するようになるでしょう。

事実を正しく認識できる環境がなにをもたらすか

人種とか民族についても学ぶことができるかもしれません。白人、黒人、黄色人の裸体を見ることができます。絵画や写真では、そのようなことは充分にはできないでしょう。さらに、言葉が通じないと性的な興奮は生まれにくいらしい、といったこともあります。このことは、国境が接して交流が容易であっても、民族はそれぞれの民族の特性を形成してきたことと関係するのかもしれません。言葉を異にする異民族とは、交流はしても性交渉は活発ではないということのようです。

同時に、白人、黒人、黄色人、あるいは日本人、韓国人、中国人といったように異なる呼称でよばれる人たちも、ビデオによってみな同じ性の儀式・様式の結果として誕生していることもわかります。人類はみな、同じような性的行動をする兄弟だということです。

日露戦争に従軍していた弟に宛てて与謝野晶子は、「君、死にたまうことなかれ……」と書きました。同時に、彼女が出版した歌集『みだれ髪』は、「やは肌の あつき血汐に ふれも見で さびしからずや 道を説く君」という魅力的な短歌を発表しました。明治時代の女性が恋人の男性（与謝野鉄幹）に、「道を説くことなどはやめて、あつき血汐に満ち溢れたやわ肌に触ってください」と詠ったのです。大胆で官能的な表現でしたので、当時は大きな話題になりました。しかし、すでに立派な歌人として認められていましたので、『みだれ髪』とともに受け入れられました。

ところが現代の若者たちは、道を説くなどということはしないで、高度技術を利用したゲームやアダルトビデオ、オナニーによって小さな満足にとどまっているようです。

与謝野晶子のように、若者たちにむかって「実物のやわ肌にさわってください」と女性から声をかけてみませんか。女性にそういわれたら、男たちもやわ肌に誘われるでしょう。そこに女性上位の共同体が生まれます。バーチャル・セックスではなく、本物のセックスのほうがはるかに大きな喜びを与えてくれることを学ぶでしょう。ひいては、それが子どもを産む喜びへと繋がります。

与謝野晶子は一二人の子どもを産みましたが、そんなにたくさん産む必要はありません。一、三人で充分です。日本政府は少子化対策として、「出産・子育て応援交付金」を創設して、「子どもを一人産んだら一〇万円相当のギフトを支給します」をスローガンにしています。しかし女性たちは、そんなことで子どもを産むはずがありません。女性の声を聴き、それに応答する女性上位の共同体社会の実現が待たれます。

12章　社会制度としての女性上位の共同体

これまで、「宗教法人は社会福祉法人化して、目的を社会貢献に変更してはどうか」、「若い人たちには地球を沸騰させない方向で人生の選択を考えるようにしていただきたい」などと提案してきました。そういう話が、性風俗やらアダルトビデオの日米比較などとしばらく逸脱していましたが、ここであらためて私の共同体のあるべき姿の提案です。

ヘルプマーク活用のすすめ

三番目の提案は、「ヘルプマークを活用しましょう」です。ヘルプマークは、横五センチ、縦八センチほどのプラスチック製の真っ赤なタグに、真っ白な「十字」と「ハートのマーク」が描かれたデザインです。見えない障碍、難病を抱えた人、妊娠中の女性など、一見しただけでは障碍のあることがわからない人たちであることを周りの人に知らせ、配慮を求めるように作成されたものです。法律で強制するのではなく、人の心に訴えるものです。

ヘルプマークをつけて外出して役にたつことの第一は、電車・バスの優先座席に遠慮なく座ることができることです。京阪電車の優先座席には、このヘルプマークが描かれています。ただ、みなさんに気づいてもらおうという気持ちからか、タグのサイズがやや大きすぎるように感じます。ご自身で同じデザインのやや小さめのタグをつくってもよいように思います。こうしてこのヘルプマークを多くの人が使用してくださったら、社会全体がもっと心やさしい人たちで構成されることになるのではないかと期待します。

では、具体的な活動はどこからはじめればよいでしょうか。第五章で言及したように、女性の生理の苦痛をヘルプマークで開示することからはじめませんか。女性も最初は、「恥ずかしい」などの思いが先行するかもしれません。ですから、男性たちに理解をお願いしたいのです。「妻や周囲の女性がなぜか突っかかってくるようだ」などと感じることがあっても、衣類の一部からヘルプマークがこっそりと覗いていれば静かに納得できます。女性たちも、口に出して伝えずとも周囲の人たちに意思が伝われば、人間関係はスムーズに進行します。

生理が原因と思われる妻の不機嫌から夫婦喧嘩がはじまり、だんだん拡大してついに離婚に発展する事態が発生したなどという話も聞きます。そのようなことがないようにするためにも、このヘルプマークをぜひ活用してほしいのです。

現行の労働基準法によって、女性たちは生理休暇がとれるようにはなっていますが、実際にはほとんど利用されていないとのことです。生理休暇を利用して旅行に行っていた、などのケースが報道されたことが、この制度を利用しにくくしました。休暇をとりたいと申し込みにくい職場環境、上司がなかなか認めてくれないなどの実態もあるのでしょう。

一か月のうち三分の一くらいの日が「ブルー・デー」である女性に、男性と同じように働けと要求する社会はおかしいのではないでしょうか。「男女平等なのだから、女も男と同じように働け」と多くの男性は考えています。男性には生理がないからです。そんな男性に、女性の現実を理解させるのがヘルプマークです。多くの女性が利用するようになると、「女性には生理がある」ことを男性たちは理解するようになるでしょう。そうすれば上司も男性たちも、「残業などはしないで早く帰宅しなさい」となってくれるのではないでしょうか。

有給休暇の制度があるのに、日本では利用しないでたくさん残す人が多いようです。ですから、女性が生理休暇をとるようになれば、男性たちも有給休暇をとるようになるでしょう。経済成長を抑制する効果も生み出します。ガツガツ、セカセカと働くことをやめることは、経済成長至上主義を抑制することになるからです。すなわち、地球環境を改善する第一歩になるでしょう。

そんなことをしていたら「中国や韓国に負けてしまう」と主張する人もいるでしょう。しかし、中国や韓国における砂嵐、黄砂や微小粒子状物質(PM2.5)の恐怖は、毎年のように増大しています。日本にも到達し、アラスカでも観察されるようになった黄砂の巨大化です。北京や、中国から黄砂が飛来するソウルでは毎年、学校も商店も春先の黄砂の襲来で数日間は閉鎖される現状です。

そんな状態の中国や韓国は、これからも経済成長至上主義を続けることができるでしょうか。日本がまず率先して地球環境改善運動を成功させなくてはならないでしょう。その手始めとして、ヘルプマークの普及を提案します。ヘルプマークが導く、優しい共同体の実現です。

共同体運営の仕組みの六割は女性が決める

女性上位の共同体をさまざまに提案してきましたが、そのような共同体メンバーの募集やメンバー間の連絡・会議などには、インターネットの活用が不可欠です。コンピュータの発達はスマートホンを生み出し、私たちの生活をしっかり支えてくれるものになりました。なかでも有効なソフトが「ズーム」です。インターネットは、メールや情報の検索などの通常の暮らしに役だっていますが、ズームは遠隔地間でも同時に複数の人の顔を見ながらの情報交換や会議を可能にするという特筆すべき文明の利器です。

私は、八〇歳を過ぎて病気になったために教会に行けなくなりましたが、教会がズームを導入してくださいましたので、教会の毎週の礼拝にズームで参加することができています。新型コロナ・ウイルスで集会が開けなくなったときも、ズームによる毎週の礼拝は守られました。

インターネットによる情報検索やデジタル情報の交換は確かに便利で役にたちます。しかし、共同体のメンバーはやはり顔を突きあわせて話し、議論するのが原則です。その意味で、共同体はできるだけ近隣の人たちで構成されることが望ましいのです。

ところで、日本において女性上位の共同体を実現するには、そのような共同体を生み出し、運営する仕組みが日本の社会に必要です。幸いなことに、日本は自由民主主義の社会ですから、自分たちの意見で物ごとを民主的に決めることができます。それだけに、討論して物ごとを決めるルールを整えておかなくてはなりません。

そのさい、人種や性別、宗教などを基準に一定の比率で人数を割り当てるクオータ制をこのケースにも採用して、女性の意見を六割以上は取りあげるようにしてはどうでしょうか。女性が無理をしないで社会的な活動ができるよう女性の社会進出を支援し、多様性のある社会を実現するためです。

このような意見を出すと、必ず「男女が平等でなくなるのではないか」という反論もあるでしょう。こういう意見には、先に書きましたように「男女は平等ではない、もともと不平等です」と主張しましょう。一か月のうち三分の一くらいを生理に悩まされる女性と、なにもない男性とが同じ立ち位置であるはずがない、と説明しましょう。

ただし、このように女性優先で仕事を進めると、仕事の効率が低下して、業績が落ちるかもしれません。しかし、そのことは必ずしも悪いことではなく、地球環境にとっては改善の方向にむかう良い行為になる可能性があります。効率が落ち、収入が減ると、消費も減少してゴミや排出物は減ります。

地位向上に欠かせない保育環境の充実

ここで、重要な問題を提起します。女性の社会進出を促進するには、子どもの保育所や保育施設を増加させる必要があることです。ただし、企業の人手不足解消と母親たちの収入増の要求とを合致させる保育園増強策は大人たちの欲望充足であって、子どもたちが望んでいるものではありません。しかしながら、施設の充実を求める要望が強くなる現実は理解していただきたいのです。そのように強くなる要望を受けて、文部科学省が管轄する学校である幼稚園が保育を目的とする厚生労働省管轄の保育園に変更するケースが出ています。子どもの出生数が減少する時代になって、幼稚園をイヤイヤ保育園に変更する現実もあるようです。

そもそも、幼児教育はどのようであるべきかを論じることなく、事業上の利益と政党の損得に利用されることで、未来の国を支える子どもたちの教育体制が弱体化している現状があります。

たいていの動物は誕生と同時に独力で歩きますが、人の子どもは三歳くらいまでは親が世話をしなくてはいけないように生まれてきます。物理的な育児には父親も参加できますが、子どもが求めるのは母親です。理想的なかたちは、母親が子どもの世話をし、父親は母親の手伝いをすることです。

子どもは母親の一部なのです。

六章（五七ページ参照）にも書いたように、女性は受胎した時点で自分の卵子、自分の女児の卵子、さらには孫の女児の卵子までも体内にもっています。そうして娘たちが誕生してくるのです。この宇宙の原理は尊重すべきではないかと思います。

そうはいうものの、一人の子どもに三年間もつききりで世話をするのはたいへんです。ときどきは一時保育に預けるとか、父親とうまく役割を分担して仕事を続ける工夫も必要でしょう。

いずれにしても、三歳くらいまでの子どもは母親が中心になって育てる必要があります。父親と社会は、それを可能にする環境を用意しなくてはなりません。これまで何度も書きましたように、女性が不安なく生理、妊娠、出産、育児に対処できる社会を創造する必要があります。そうすることが、沸騰する地球を改善する方法でもあるのです。

13章　パレスチナ戦争の背景にある歴史と宗教

「女性上位の共同体」とは直接の関係はない問題ですが、二〇二三年一〇月七日にパレスチナ人のイスラーム原理主義武装勢力であるハマスがユダヤ人の国民国家イスラエルを突然攻撃して、世界が大騒ぎになりました。この対立の現状と歴史についてすこし書き残しておきたいと思います。

イスラエル人がパレスチナに定住するようになったのは紀元前二〇〇〇年ころのことといわれています。その後、パレスチナ地方で数年にわたる旱魃が続き、イスラエル人はエジプトに逃れることで生き残ることができたのです。ところが、エジプトでは奴隷として苦しい生活を強いられました。そこで、なんとか故郷であるパレスチナのカナンの地に戻ろうと、大挙してエジプトを脱出します。四〇万人くらいのイスラエル人が、ぞくぞくと押しかけてくるのですから、通過される町や村の人たちはたいへんです。他所に追いやろうとしますから、当然、抗争になります。イスラエル人たちは、さまざまな人たちと闘って勝ち進まなくてはなりません。そうして、ついにパレスチナのカナンの地に到着します。約束の地です。しかし、カナン人とも戦って排除しなくてはなりません。『旧約聖書』「民数記」二一章には、「イスラエルは彼らとその町々を絶滅させた……」と書かれています。カナン人を絶滅させて、そこにイスラエル人の安住の国家を設立したのです。

英雄になりきれなかったアラビアのロレンス

そのように強く逞しい時代もありましたが、紀元前六世紀にはバビロンに征服され、バビロン捕囚の時代も経験します。さらに紀元後一三五年にはローマ帝国に反抗したために、イスラエル人すべてがパレスチナから追放され、世界の各地を放浪する歴史がはじまりました。カナンの地から追い出されてしまったのです。しかし他民族の土地に生きていても、イスラエル人は優秀な人たちでした。

ドイツで生まれたもののナチスに追われてアメリカに亡命し、「一般相対性理論」を発表したアインシュタイン、同じくドイツで生まれてイギリスにわたって『資本論』を書き、エンゲルスとともに『共産党宣言』を書いたマルクス、アメリカにおいて巨大な金融資本家になったゴールドマン・サックスなどがイスラエル再興の運動を展開して、当時のパレスチナを支配していたイギリスにユダヤ人のパレスチナへの移住を許可するように働きかけました。

そのイギリスには、イスラエルの資源を獲得するという国家目的がありました。そんなこともあって、それまでパレスチナに住んでいたアラブ人を追い出し、イスラエル人国家の建設を認めたのです。

『アラビアのロレンス』という映画がありました。これはイギリスの軍人ロレンスが第一次世界大戦がはじまった一九一四年当時、「パレスチナの地を支配していたオスマントルコとの戦闘に勝ったらアラブ人国家の独立を認める」といってアラビア人の反乱をそそのかし、騙した物語でした。じつは、そのいっぽうでシオニストたちにも同じような約束をしていたのです。

映画産業はアメリカに移住していたイスラエル人が生み出し広めたものですが、『アラビアのロレンス』もイスラエル人が制作して、ロレンスを英雄に仕立てたものだったのです。しかし、ロレンスはイギリス国家を代表するかたちでアラブ人たちを騙してしまったことを悔い、後悔の末、四六歳の生涯を終えたとされています。

ところで、パレスチナからアラブ人を追い出し、イスラエル人国家の設立を実際に担当したイギリスの大臣は、第二次世界大戦でも勝利した後のチャーチル首相でした。

パレスチナ人とイスラエル人との争いは、イスラーム教とユダヤ教との争いでもあります。ユダヤ教の「目には目を　歯には歯を」という同害復讐の思想はイスラーム教にも受け継がれ、それが憎しみが憎しみを産む悪循環になります。しかも、周辺諸国や世界の覇権国家がさまざまな利害関係をもとに、この問題にかかわっています。今回のパレスチナのハマス対イスラエルの戦争にしても、そういう長期化する可能性があります。レバノンなどの近隣国との紛争に発展しないことを願うばかりです。

このような戦争が起こると、必ず何千人あるいは何万人という犠牲者が続出します。テレビのニュース番組を日々観ているだけでも、自分の心が縮む思いを覚えます。環境問題や自然災害と同じように、「自分にはどうすることもできない」との悲しみや無力感を強くします。「神さま、なんとかしてください」と祈るよりほかに方法がありません。

一九四八年の第一次中東戦争（イスラエル独立戦争）でパレスチナから追い出されたアラブ人の難民はおよそ七〇万人でしたが、今回は二〇〇万人を超えています。新国家を設立した当時のイスラエルの人口は一〇〇万ほどだったのですが、いまは三〇〇〇万を超えています。このような急激な人口増加、農地や食料、水の不足等々は、世界各地で同じように深刻になっています。

「終わりはくる」との真理を告げる黙示録

『新約聖書』最後の書は「ヨハネによる黙示録」です。一五一七年に宗教改革運動をはじめたルターは、ラテン語で書かれていた『新約聖書』をドイツ語に翻訳し、書き言葉としてのドイツ語を確立した人物ですが、「『ヨハネによる黙示録』はないほうがよかった」と語ったそうです。軽く目をとおすだけで、ルターの主張はよくわかります。『新約聖書』は初めから終わりまで、すばらしいイエス・キリストの物語が書かれているのですが、最後はなにやらくどい話ばかりです。なぜ、このような物語が最後に加えられたのでしょうか。

専門家による研究はあるのでしょうが、私はこれまで六〇年以上もプロテスタント教会の日曜礼拝に出席してきましたが、牧師の説教としてこの黙示録が語られた記憶は、ほとんどありません。おそらく、牧師たちもルターと同じような心情なのでしょう。

そもそも黙示録とはなにかと調べてみますと、紀元前二〇〇年ころから紀元後一〇〇年ころまでの約三〇〇年間にわたってユダヤ教やキリスト教の世界で普及した宗教文学で「黙示文学」とよばれた分野のことだそうです。そういえば、「イザヤ書」にはたくさんの黙示の話が挿入されています。

預言も、ある種の黙示です。『新約聖書』でも、「マルコによる福音書」一三章に黙示の話が語られています。その課題の中心は、「この世の終わりに関する秘密を明らかにし、神の支配の実現と、悪霊の破滅を描きだす」ことでした。

宗教的弾圧と対立の根幹

「ヨハネによる黙示録」が書かれた時代は、イエス・キリストが磔刑に処せられ、その復活が待たれていたころです。ですから、キリスト教を迫害した者は懲らしめ、処刑し、キリスト教の普及に貢献した者は天国に送るなどの記述が多く書かれたのでしょう。キリスト教にしてもユダヤ教にしてもイスラーム教にしても、仏教と比較すると歴史も思想的背景もずいぶん異なることに気づきます。

お釈迦さまは修行して悟りを会得し、涅槃まで実現させて八〇歳まで長生きしました。弟子たちも、お釈迦さまの教えを受け継ぎ、とくに宗教的迫害を受けることもなく仏教の布教をすすめました。

いっぽうのイエス・キリストは、ローマ帝国に反抗したわけでもなく、人を殺めたわけでもないのに、波乱と戦いが待ち受けていました。正義を語り、真理を主張しただけで大衆裁判にかけられ、イエス・キリストは三〇歳ほどの若さで磔刑に処せられたのです。弟子たちも同じように処刑されました。

いったいなにが悪かったのでしょうか。古代ローマ帝国が悪かったのです。ローマ帝国は周辺諸国を征服し、税金をとりたて、庶民を苦しめていました。イスラエルの人たちも苦しめられていたのです。当然、そんな抑圧と支配から解放されたいと願ったでしょう。現に、紀元後一世紀後半と二世紀前半に、ユダヤ教徒たちはローマに抵抗して反乱を起こしています。

しかし反乱は失敗し、ローマに鎮圧され、ユダヤ人はすべてカナンの地、パレスチナから追放されて流浪の民になってしまいました。「ヨハネによる黙示録」には、そのような背景があったのです。民族存亡の予感と、数百年におよぶローマ帝国の滅亡を推測させる黙示文学が誕生するのです。民族にも帝国にも、「終わりはくる」という真理を語るものでした。

現代世界を概観したときに、この黙示録は私たちになにを語ってきたのでしょうか。人類の文明は華々しく開花し、現代はたぶんその最高峰に達しているでしょう。とくに一七世紀以後に西ヨーロッパで発展した産業革命は、アメリカに到達して大発展あるいは大爆発を起こし、世界に拡大しました。しかし、人類はこの大爆発を制御できず、さらなる巨大崩壊にむかっているように、私にはみえます。私たちは、この動きになんらの対応もできません。

14章 私たちはどう生きて、どう終わるのでしょうか

では崩壊にむかう人類はどうするか。残されている時代を「女性上位の共同体」にして、静かで穏やかな幸せを生きたいと願っています。しかしこの共同体にも、終わりは必ずやってくるのです。

家族共同体のなかで不和があり、一八歳の娘が家出をしました。それから一〇年が過ぎ、母親が癌のために臨終を迎えようとしていました。それを知った娘は、母親が亡くなる前に和解したいと強く思いました。外国に住んでいたので、帰国に二日はかかります。「自分が帰国するまであと二日間、亡くならないでぜひ待っていてほしい」、彼女はそのように神さまに祈りました。このような話はよくあるケースです。

この祈りが叶ったかどうか私は知りませんが、多くの人は彼女のような行動をとりつつ祈るでしょう。自分にはどうすることもできない問題に直面したとき、私たちは神さまに祈ります。人間の力を超えた神さまの力に頼ろうとするのです。では、どこの神さまに祈るのでしょうか。近所の神社に

行くのですか。田舎の家なら神棚があるでしょうから、そこに祈るのですか。

私だったら、どうするか。私はプロテスタントのキリスト教徒ですから、「神さまは私のなかに一緒に生きておられる」と信じています。時間も場所も関係なく、いつでも、どこでも、「神さま、助けてください」と祈ります。すくなくともこれまでは、神さまは私を助け、八八歳までも守ってくださいました。ほんとうに感謝、感謝です。

男でもあり、女でもあるイエス

ただ、アリス・E・グイン先生の教えにもありましたように、私の信仰は、独断と独善を避けるために教会に所属しての信仰です。独りよがりにならないために、ほかの仲間とともに話しあい、議論する教会共同体に属しています。これは祈りの共同体とよぶことができるでしょう。

私たちの教会には、世間一般に知られているプロテスタントの教会とは少々異なった特徴があります。先にも書きましたが、まず教会堂がありません。幼稚園の教室を日曜日だけお借りしています。

一般の教会では、「父なる神さま……」と神さまに呼びかけたり、祈ったりしますが、私たちの教会は違います。私たち夫婦を含めて何人かは、「私たちの神さま……」と表現します。「父なる神さま」とはいわないのです。理由は、神さまは男ではない、女性でもあると信じているからです。

カトリック教会では、この問題をたぶん「マリヤ信仰」によって解決しているのだろうと思いますが、一般のプロテスタント教会では対応できていません。それに、私たちの教会の牧師は女性です。教会の役員にも女性が三人います。女性の願いや祈りが、教会を通じて充分に神さまに届いていてほしいと、私は願っています。

この教会共同体による祈りを含む一人ひとりの熱心な祈りは、どこにおられる神さまに届くのでしょうか。それは宇宙にいる神さまです。しかもそれは、ダークマターだろうと思っています。

信仰共同体と神さまのダークマター

岩波書店発行の雑誌『科学』二〇二三年一〇月号は「ダークマターの正体は何か?」を特集して、さまざまな専門家がダークマターについて書かれています。しかし、みなさんに共通した結論は、「わからない」でした。現段階では、とにかくわからないのです。

しかし、「ダークマターがなかったら星や銀河、そしてわれわれ人間は生まれなかった」と解説し、構造形成理論を主張したプリンストン大学のジェームズ・ピーブルズ教授は、二〇一九年のノーベル物理学賞を受賞しています。そのダークマターの総量は計算でき、宇宙の物質の約八五パーセントは原子ではなく未知の物質、ダークマターであると推定されています。

ジェームズ・ピーブルズ教授が解説する「星や銀河、さらには地球やその生命体もダークマターが生み出した」という説明は、本書の三章の「目にみえない存在の『力』」に書いた内容とまったく同じです。高度な物理学も、意外と素人の推測と一致するのです。そうすると、私たちの「祈り」も目には見えませんが、宇宙のダークマターに受け止められ、願いを叶えてもらえる可能性があると推論してもよいはずです。

九章では、「人生の選択」として八〇年以上にわたる私の選択を具体的に書きましたが、「困難に直面したさいは常に神さまに祈ることで問題が解決できた」と書きました。祈りはダークマターによって受け止められ、叶えられてきたのです。不思議なことですが、その要因を考えてみました。その結論はこうです。

私の祈りには「困ったときの神頼み」もありましたが、多くは信仰共同体によって真面目な祈りであると認められるような、「懸命な祈り」であったから叶えられてきたのではないか、という結論です。会社勤めをしながらでも教員免許はとれたのに、ほかの人と比較すると七年も遅れることになるのに、会社をきっぱり退職して大学院を受験してでも、「教師になる道を進みたい」という私の祈りは一途でした。それゆえ、神さまのダークマターは私の夢を実現してくれたのです。

オウム真理教や統一教会も、信仰共同体です。ただし、彼らは反社会的な祈りと活動を展開する共同体でした。同じ信仰共同体であっても、このように悪質な共同体もあることも知っておくことは大切です。

現世に訪れる死とどう折りあうか

女性上位の共同体を創造することで、絶望しそうになる現代社会において「静かな幸せを見出したい」という願いを書いてきました。しかし、そんな共同体が実現したとしても、「存在するものは、必ず消滅する」という宇宙の絶対的な真理によって、必ず消滅することになります。太陽も月も地球も、必ず消滅します。人間がつくった組織、会社や学校や役所も必ず消滅します。

しかし、たとえ消滅するといわれても、これくらいなら他人事ですませられる、あるいは個人的な関心の程度は高くないから、などの理由さえつけておけば、大きなショックとして感じないかもしれません。重要な問題は、命・生命が消滅することです。共同体の場合ですと、メンバーの誰かが亡くなる、あるいは自分自身が必ず死ぬということです。すなわち、「生命の消滅・死を、静かな幸せのもとに受け入れることができますか」という問題です。

ほとんどの人にとって、死は恐怖です。人間だけではありません。生きているもの、すなわちすべての生き物は死を恐れ、死から逃れて生き残ることに懸命の努力をしています。アフリカのサバンナでは、ライオンやチーターが多くの草食動物を追いかけて餌にしています。食われるものは懸命に逃げるし、食おうとしている側は、命の糧を逃がさないようにと執拗に追いかけます。そうして食われてしまう生き物もいるし、逃げおおせた生き物もいます。そうして食うものと食われるものとのバランスが保たれているのです。

その全体を眺めれば、食うものの総数は少なく、食われるものの総数は多いのです。草原の草は、そういう動物たちの数を適度に保てるように大量に茂っています。草の茂り方と動物たちの数が適切に保たれるよう、誰かが操作しているように思えます。不思議なことに、大自然の神さまは、このような生物界のバランスを上手に保っているのです。

通常の状態では人間を食べる動物はいません。病気にでもならなかったら、今日の先進国の人間は八〇歳くらいまでは長生きができます。かつては「人生五〇年」とされましたが、医学の発達などによって、さらに二〇年も長く生きることができるようになりました。

それでも、やはり「死」から逃れたいという思いは強く残っています。なぜでしょうか。根本的には大自然の神さまが、そのように人間をつくられたからでしょうが、やはり人間のこの世、現生への執着心からでしょう。問題はいろいろあるでしょうが、現生に未練があり、現在が楽しいからでしょう。しかし、必ず死ななくてはなりません。私のように九〇歳近くになると、ますます「自分の死」を考え、理解したいと思うようになります。

「存在するものは必ず消滅する」宇宙の原理

そこで、まず人間と地球との関係を取りあげます。地球環境問題が語られるときによく、「地球を救うために、川の汚染を防ぎましょう」といったキャッチコピーを目にします。しかし、これはまったくの誤りであって、正しくは「人間の命を救うために、川の汚染を防ぎましょう」です。人間がどんなに地球を荒らして汚染させても、地球が滅びることはありません。人間が激しく地球を荒らしまくって汚染を激化させても、人間が滅びるだけであって、地球が滅びることなど絶対にありません。宇宙のなかで地球のおかれている状況は、太陽系に異常が発生するとか、大きな流れ星が衝突でもしないかぎり、地球が滅びることはないでしょう。人間が地球を荒らしたからといって、地球の運行に異常が発生することはありません。少し考えてみると、すぐにわかることです。

人間は、地球が誕生したときから地球上に存在していたわけではありません。宇宙が生きていたから一三八億年ほど前にビックバンが起こり、太陽系が誕生し、四六億年ほど前に地球が生まれたのです。その地球が生きていることで歴史とともに地球そのものが変化し、その変化の段階にあわせて地球上の海や陸地が変化し、そこに生き物が誕生したのです。人間はそこからも遅れて誕生したのです。現生人類が誕生したのはほんの二〇万年前です。

そういうなかで、地球上の海や陸地が地殻変動などで変化すると、それに気候変動なども加わって、ある時点での地球環境に順応して生きていた動植物は消滅し、次に誕生した地球環境に適応した動植物が地球上で繁栄しているというのが地球の歴史です。これまでに地球上に誕生した動植物は、九八パーセントもの高率で絶滅したとされています。宇宙の原理である「存在するものは必ず消滅する」を現実に証明してきたのです。

動植物が地球環境に特別に恵まれていた時代には、巨大な草木が繁茂しており、巨大な恐竜もたくさん生存できました。やがて、そのような恐竜たちが絶滅すると、サイズの小さな草木が繁茂し、小型の動物が誕生し、私たち人類の祖先たちもこの地球上に生まれてくることができました。いわば先代の動植物が絶滅してくれたおかげで、人類は誕生できたのです。

静かな幸せを見つける方法

さて、以上のことを理解すると、人類による環境破壊も見方を変えて考察できるようになります。すなわち、環境破壊は絶滅するはずの人類の寿命を早めるだけだ、ということです。すなわち、人類が早く消滅すれば、ほかの生物に地球を明け渡すことになります。したがって、問題は現代世代と次世代とのあいだのものすごいギャップです。次の世代のことは考えないで、「現在が豊かで幸福であったら、あとはかまわない」という利己的な欲望を現代世代の人たちが主張していることが重大な問題なのです。経済成長を要求し、自国の領土を拡げようと他国を侵略しています。これらの行動は、悲惨な環境破壊につながります。

多少なりと良心的な人たちは、次の世代にできるだけ傷の少ない地球を残したいと努力しています。しかし、多数派を占める人たちはそんな努力は無視し、現在の豊かさと自国の利益を優先する政治家に投票しています。残念ながら、これが現代の世界と日本の民主主義です。では、そんな人間社会において、静かな幸せを見つける方法はあるのでしょうか。

先にも書きましたが、そのような希望や夢に応える答えは、「神に祈る」ことだと思います。ほかに方法はないでしょう。では、祈ることでなにが実現するのでしょうか。答えは次のとおりです。

真実の祈りは、霊魂となって神のもとに届きます。神とは宇宙のことであり、具体的にはダークマターです。ところが、霊魂もまたダークマターの産物ですから「消滅」のとき、あるいは「死」のときがくれば、真実の霊魂は現世を離れると同時に、宇宙のダークマターに結合します。

では、「死」の瞬間に抜けだすダークマターと、それを受け入れるダークマターとは異なる存在でしょうか。宇宙全体に充満しているダークマターに違いがあるというのは、おかしな話です。ダークマターは同じものだと理解するのが、やはり妥当でしょう。

先に紹介しましたジェームズ・ピーブルズ教授は、世界を代表する理論物理学と宇宙物理学の研究者で、ダークマターに関しても先進的な理論を主張しています。その彼はダークマターの総量を理論的に計算して、宇宙の物質の約八五パーセントを占めるとしています。しかし、それは物理学の発想であり、ダークマターをとりあえず物質として計算したものです。

そこで、現在の私たちの常識を離れて、もしかしてという別の発想をしてみましょう。すなわち、「ダークマターはスピリッツである」という主張です。スピリッツにも質量があるという主張をするのです。ですから、呼び名もマターからスピリッツに変えて「ダークスピリッツ」にします。従来の考え方では、

「宇宙の九五パーセントはダークマターとダークエネルギーである」でした。ここにスピリッツの考え方を導入しますと、「宇宙の九五パーセントはダークスピリッツとダークエネルギーである」ということになります。そうしますと、宇宙全体をつくり、太陽系などの銀河をつくり、地球をつくり、人間などの生物をつくってきたのはダークスピリッツであり、その全体をいまも動かしているのがダークエネルギーであるということになります。

「静かな幸せ」の中身はなにか

以上のように考えますと、宇宙観、人生観がずいぶんわかりやすくなります。すなわち、超巨大宇宙を支配しているのはダークスピリッツであって、私たちはそれを「天」、「天国」あるいは「浄土」とよぶばかりか、神さまであると信じてさまざまな願いや祈りを捧げています。ひいては、誰かが亡くなられると、私たちは「天に召された」とか、「神さまのもとに旅立たれた」などと表現します。こういう考えや行動は、私たちがダークスピリッツを感覚的に感じ取っているからではないでしょうか。

宇宙を創造したのはダークスピリッツであり、地球や地球上の生物を創造したのもダークスピリッツであると説明すると、物質とスピリッツとは同じであるという主張になります。これにはやはり、違和感が残ります。私たちが、いわゆる近代科学を学んで得た常識をもっているからです。この問題に関しては、先に書きましたように、「光は粒子であると同時に波である」という矛盾した事実があるではないかと答えて、ダークマターではなく、ダークスピリッツを主張することにします。

次は、「静かな幸せ」の中身です。そういえば、ここまで「静かな幸せを求めて」と書いてきましたが、その幸せの中身がなにであるかは書いてきませんでした。やはり、ここで中身をはっきりさせておくべきでしょう。

互いの幸せを増幅する「愛の共同体」

あなたにとって、また私にとって、「ほんとうの幸せとはなんですか」と問われたとき、なんと答えたらよいでしょうか。お金をたくさん貯めること、美味しいものを食べること、スポーツ競技で勝つこと、美しい絵画や花を愛でること、旅行すること、音楽を楽しむこと、なんらかの趣味を楽しむこと等々、さまざまな幸せの姿が浮かんできます。

そういうなかで、もっとも幸せに感じるのは、自分を愛してくれる人がいることです。すなわち、自分が愛されていると実感することではないでしょうか。そうです、自分が愛されていることが第一です。次は、自分にも愛する人がいることです。共同体は、この二つの幸せを与えてくれます。

女性上位の共同体は「愛の共同体」として、互いの幸せを増幅してくれることでしょう。といっても、この愛の共同体は単純な「好き」、「好き」という好きあった者の集まりではなく、ときには意見の対立や争いのようなことまで発生する共同体です。

人間の集まりである以上、意見の違いや争いが生まれるのは当然です。そういうときでも、愛の共同体は愛によってそれらの違いや争いを克服することのできる共同体です。構成メンバーは、自分の主張を愛によってほかの人に譲り、協調することができるからです。

夜空を仰いで好きな星を決めませんか

この愛の共同体に終わりのときがくれば、ここの人たちはダークスピリッツの神さまになにを祈るのでしょうか。「この愛の共同体をそのまま受け入れてください」と祈るのです。神さまは喜んで、ダークスピリッツの中に受け入れて、永遠の宇宙に生かしてくださることでしょう。

私たちの誰もが宇宙に戻ってゆくのですから、日常生活においても多少なりと宇宙に関心をもっているほうが、宇宙に親しみがわいてくるでしょう。

そこで提案です。夜空を仰いで自分の好きな星を決めます。そして、晴れた夜には自分の星を見つけ、その星に挨拶するのです。夏ですと北斗七星や北極星がよく見えます。冬は寒いですが、すっきりと晴れた夜はオリオンの三ツ星やスバルの星座が耀いています。

私が好きな星は金星です。一年中、夜になると一番星としてキラキラ光っています。「宵の明星」、「明けの明星」のことです。朝方には、大空を昇るような軌道で輝いています。金星は古代ローマの神話に登場するヴィーナスで、美と愛の女神だそうです。

さて、私が死を迎えたとき、私はどうするのか。プロテスタントのキリスト者ですから、それなりの理解と認識はもっています。所属している愛の共同体のメンバーが同時に死ぬことはないでしょうから、私は一人で死んでゆくことになります。

しかし、先にも書きましたように、私のなかでイエス・キリストは常時一緒に生きています。私は、イエス・キリストと愛の共同体をつくっています。私が死ぬときは、キリストも一緒に死んでくださるのです。イエス・キリストに肉体はありませんから、私の肉体は地上に遺され、イエス・キリストの聖霊と私の霊とが一緒になって宇宙の神さま、ダークスピリッツのもとに上ってゆきます。とりあえず金星にむかって進み、その後は永遠の生命となるべくダークスピリッツのもとで生きてゆきます。宇宙の原理にもとづくなにかの原料となって、永遠に存在し続けるのです。それが永遠の命です。

キリストの復活はなにを意味するか

ところで、キリスト教には「復活」という信仰があります。じつは、このことがキリスト者のあいだで混乱を引きおこしています。問題点は、「イエス・キリストは生身で復活したのか、それとも霊、スピリットとして復活したのか」です。

『新約聖書』によると、イエスは十字架の磔刑によって亡くなりますが、三日後に墓に行ってみると、イエスの遺体はなかったといいます。そこで、生身のかたちで復活されたのだという信仰が拡がったのです。しかし、生身だとしたらどこかで生きておられ、なんらかの活動をしておられるはずです。とはいえ、二〇〇〇年も生き続けておられるはずはありません。これは無理な説明になります。

先にも書きましたが、日本の親鸞と似た宗教的な体験と理論を展開したユダヤ人の宗教指導者パウロは、『新約聖書』の「コリントの信徒への手紙 1」の一五章四四節に、「つまり、自然の命の体が蒔かれて、霊の体が復活するのです。自然の命の体があるのですから、霊の体もあるわけです」と書いています。同様に、「蒔かれたときは朽ちるものでも、朽ちないものに復活し……」と、復活するのは霊魂であると書いているのです。しかも、「スピリット（霊）の体もある……」とパウロが指摘しているのです。すなわち、宇宙物理学者がダークマターとよんだようなものを、パウロは「スピリットの体」とよんでいるのです。「マターも体も物質」で同じものですから、マターをスピリットとよべるなら、ダークマターをダークスピリットとよんでよいことになるでしょう。

キリスト教信仰では、「イエス・キリストは死後三日目に神によって復活し、昇天して神の右に座って永遠の生命を保っている」としています。したがって、イエス・キリストを信仰しキリストに従う人は、神さまとキリストの招きで天に上り、永遠の生命が与えられるのです。神さまとイエス・キリストの招きのことを、キリスト者は「聖霊」と呼びますので、キリスト教信仰をもっている人は、神さま、イエス・キリスト、そして聖霊に導かれて大宇宙の神さまであるダークスピリッツのもとに受け入れられるということになります。

死期を迎えて真理を理解できた喜び

ほんの十数年のあいだに宇宙の研究が進み、ダークマターとダークエネルギーの存在が明らかになってきたことは、ほんとうに朗報でした。長生きしていなかったら、このようなすばらしい真理を知らないで死んでゆくところでした。「神とはなにか」が明白になって、これまでわからなかったことが、ほんとうによく理解できるようになりました。

神さまの姿は、私たちにはみることができないので、神の真理も人間には理解できません。そこで、神は人間を愛するがゆえにイエスという独り子を人間の世界に送って神の心と真理を人間に伝えてくださいました、とキリスト者は理解し、その信仰を二〇〇〇年も伝え続けてきたのです。ですから、イエスをキリスト（救い主）と信じて生きてきたキリスト者にとっては、自分の信仰が明快になったことを、ほんとうに喜んでいることでしょう。

さて、以上のような思考と考察の結果、一つの仮説が誕生しました。それは宇宙物理学者たちが発見して解説してくださったダークマターとダークエネルギーの学説を応用させていただいて考案した主張です。

宇宙物理学者は、物理学の基本常識である地球と宇宙に存在するあらゆるものは「物質とエネルギー」の二者のどちらかであると考えています。そして宇宙を構成する要素は、人類が認識できている宇宙物質が五パーセント、ダークマターが二六パーセント、ダークエネルギーがおよそ六九パーセントと考えているようです。

これにたいして、宇宙哲学を主張する私たちは、この一〇〇パーセントの宇宙全体を支配し、管理する超巨大スピリットの存在を主張するものです。そして、この巨大スピリットを「超巨大ダークスピリット」と命名します。

超巨大な宇宙であっても、宇宙全体は超巨大ダークスピリットによって支配され、管理されているのであって、正真正銘の超能力者が超巨大ダークスピリットであるとする主張です。

ダークマターもダークエネルギーも、巨大なダークスピリットのもとでそれぞれの働きをしている、と考える宇宙構造論です。しかも、「正真正銘の超能力者」とは神さまのことですから、超巨大ダークスピリットの発見は、神さまを発見したことになります。

このような宇宙哲学仮説が多くのみなさんによって理解していただけたなら、心からうれしく思います。私にとってこの発見は新しい研究のはじまりになります。この点でも神さまに感謝、感謝です。

おわりに

二〇二〇年に『主流文明の世界史　魅力と魔力が歴史をつくる』を出版しましたが、この著作を出版した直後にCOVID-19が世界中に拡がってパンデミックになりました。続いてロシアによるウクライナ侵略がはじまり、二〇二三年一〇月にはパレスチナのハマスがイスラエルを攻撃してパレスチナ戦争がはじまりました。毎日のニュースの紙面は、ミサイルによって破壊され、殺害された犠牲者、逃げ惑う人びと、破壊された町と都市です。

大地震という自然災害も襲ってきました。二〇二四年一月一日、すなわち元旦に能登半島が壊滅的な大地震に襲われ、人びとは苦しみと不安の毎日を送っています。

さらに環境破壊、食糧不足、水不足、そして人口爆発が続く人類を取りまく現状に希望は見えません。絶望して、なにもしないという生き方もありうるでしょう。それでも、私は宇宙の強大なダークスピリットに祈りを捧げたいと思います。静かな幸せを願う祈りです。

京都通信社の中村基衞代表が本書の編集作業を適切に行なってくださいましたので、この小冊子が立派に完成しました。心から感謝の言葉をお贈りいたします。また我が家の家族のみなさんにもお礼の言葉を贈ります。持病のために執筆途中に入院もしましたが、さまざまな援助をしてくださいましたので、この本が完成しました。

定年で退職したら自分の墓を準備する必要もあるだろうと考えていましたので、墓地を買い、墓標のデザインを考えました。そして石塔の裏面に『新約聖書』の素敵な言葉を刻印することにしました。

「神は、その独り子をお与えになった程に、この世を愛してくださった。それは独り子を信じる者が一人も滅びないで、永遠の命を得るためである」
(「ヨハネによる福音書」三章一六節)

二〇二四年二月二八日　京都岡本記念病院にて　著者

著者の略歴　宮原一武（みやはら・かずたけ）
神戸市外国語大学名誉教授。専攻は貿易論と比較文明論。

1935年、長野県に生まれる。17歳で大学入学資格検定合格、近江絹絲紡績（株）、陸上自衛隊松本部隊に勤務したのち、23歳で同志社大学商学部に入学。ニチコン（株）に勤務ののち、大学院商学研究科修士課程に。平安女学院短期大学に勤務しながら33歳で大学院博士課程単位取得。その後、神戸市外国語大学に26年間勤務。この間、イースタン・ケンタッキー大学客員教授（1993年）、国際比較文明学会理事などを務める。著書に、『国際ビジネスコミュニケーション』（1995年、紀書房）、『文明の構造と諸問題』（1998年、近代文芸社）、『女性主導文明が未来を救う』（2004年、文芸社）、『晩恋　映子と爺のラブメール』（京都通信社、2017年）、『主流文明の世界史　魅力と魔力が歴史をつくる』（京都通信社、2020年）などがある。共著に、『この国を憂いて』（2002年、キリスト新聞社）、『地球時代の文明学』（2008年、京都通信社）などがある。

日本を女性上位の共同体に
静かな幸せを求めて

二〇二四年五月一日　初版発行
著者――宮原一武
発行人――中村基衛
発行所――株式会社 京都通信社
京都市中京区室町通御池上る御池之町三〇九
郵便番号六〇四－〇〇二二
電話〇七五－二一一－二三四〇
印刷――共同印刷工業株式会社
製本――大竹口紙工株式会社

ISBN978-4-903473-35-2　C1036
◎書店にない場合は、京都通信社のホームページからお求めいただけます

2014年11月21日。10年ほど前に私が書いた本を出版してくれた出版社から、一通の便りが届いた。

「何かの広告だろう」と思って開けてみると、なんと50年前に私を振った彼女からの手紙である。

大きな悦び、嬉しさ、そして、「よかった、彼女は元気に生きていた」という思いが爆発した。

宮原一武＋高橋映子 著
京都通信社 発行
2017年発行

人類が築き上げた輝くばかりの文化と文明を代表する主流文明。それを「主流」たらしめたのは、覇権国家の魅力と魔力によるものだった。静止画的に語られてきた従来の世界史を、国際語と国際通貨をキーワードにして探索すると、そこに連続的な世界史を発見する。

宮原一武 著
京都通信社 発行
2020年発行